나는 아프지
않은 척했다

나는 아프지 않은 척했다

1판 1쇄 인쇄 2022년 4월 20일
1판 1쇄 발행 2022년 4월 25일

지은이 한상권
펴낸이 오형선

펴낸곳 생각수레
출판등록 2009년 5월 1일 제25100-2009-000027
주소 세종특별자치시 한누리대로 237, 3층 12호
전화 070-8277-4048
팩스 02-6280-2964

전자우편 sunnbooks@naver.com
홈페이지 www.sunnbooks.com

이 책은 저작권법에 따라 보호받는 저작물이므로 무단전재와 무단복제를 금지하며, 이 책 내용의 전부 또는 일부를 이용하려면 반드시 저작권자와 썬앤북스의 서면동의를 받아야 합니다.

* 책값은 뒤표지에 있습니다.   * 잘못된 책은 구입하신 곳에서 바꿔드립니다.

썬앤북스(Sun&Books)는 독자 여러분의 책에 관한 아이디어와 원고 투고를 기다립니다. 책으로 엮기를 원하는 기획안이나 원고가 있으신 분은 이메일(sunnbooks@naver.com)로 간단한 개요와 취지, 연락처를 보내주십시오. 저희의 문은 언제나 열려있습니다. 감사합니다.

나는 아프지 않은 척했다

한상권 에세이집

생각수레

프롤로그 · 6

1장 아픔

언제나 그 자리에 있는 것들 · 11 | 나는 아프지 않은 척했다 · 14 | 상실감에는 처방전이 없다고 · 18 | 버림받는다는 것 · 23 | 어쩔 수 없는 운명 · 27 | 생각의 불편함 · 32 | 나도 모르게 두렵다 · 36 | 그렇게 어른이 되어간다 · 41 | 상처 입은 내 모습 · 45 | 잊어 가는 꿈 바로 쓰기 · 49 | 얘들아, 집에 가고 싶다 · 53 | 힘들어도 일어설 수 있다면 · 57 | 단지 나로 살고 싶었을 뿐 · 61

2장 관계

혼자 있고 싶지만, 혼자는 싫을 때 · 65 | 관계는 극복이 아니라 잊는 것 · 69 | 진심은 진실된 사람에게만 투자하면 된다 · 73 | 간편할수록 오래가는 관계 · 77 | 상처를 준 사람은 없고, 받은 사람만 있다 · 80 | 잘못된 관계 복구법 · 84 | 모호한 태도에서 나오는 관계의 실수 · 87 | 흔들리는 내 마음, 더 이상 움직이지 않게 · 90 | 자존감의 회복 탄성력 · 95 | 마음을 여는 문의 손잡이 · 98 | 결혼 후 변한 것 · 102 | 망각이란 불신의 씨앗 · 107 | 희망이 너무 희망적이라고 느껴질 때 · 110 | 부드러움에 관하여 · 115 | 나만이 할 수 있는 것 · 118 | 인간관계는 기브 앤 테이크가 아니야 · 122 | 긍정이라는 망각의 산물 · 125

3장 존재

힘들 때 읽어 보기 · 129 | 지나고 보면 그리운 것들 · 133 | 나를 사랑하는 첫 번째 조건 · 137 | 아픈 사람이 제일 싫어하는 게 동정 · 140 | 그냥 내 이야기를 들어주면 안 돼? · 144 | 인정받지 못할 용기 · 147 | 누군가에게 흔들리지 않을 당신 · 152 | 걱정이 없어서 걱정이라면 · 156 | 중심에 내가 있도록 · 159 | 나답게 살기 위한 조건 · 163 | 글을 쓰는 이유 · 167 | 결정의 실패 · 171 | 열등감이란 단어 고쳐 쓰기 · 174 | 기분대로 살 수 있다면 · 178

4장 위로

원래 그런 거니까 · 183 | 비로소 보이는 것들 · 187 | 행복이라는 이름 · 191 | 여전히 당신을 기다리오 · 195 | 하루살이도 할 말은 많다 · 199 | 생각에 자유를 선사할 때 · 202 | 행복을 주는 나만의 안식처 · 206 | 잘 자라고 한 마디만 해주세요 · 210 | 곁에 있어도 모르는 것들 · 213 | 맹목적 사랑 · 218 | 추억이 뭐 그리 대단하다고 · 221 | 사랑은 받는 것보다 주는 게 더 아름다워 · 225 | 아무도 모를 줄 알았다 · 229

에필로그 · 234

■ 프롤로그

테이블 위에 작은 화분과 함께 살고 있다. 그런데 이 아이가 최근 많이 아파 보인다. 그렇게도 푸르렀던 색이 조금씩 갈색빛이 도는 모습이 아픈 게 틀림없다. 어찌해야 할지 방법을 모르겠다. 아픈 걸 알면서도 그것을 함께 나눌 수 없는 이 마음.

아프지 않은 사람은 없다. 사실 육체의 아픔을 넘어 마음에 상처가 없는 사람도 없다. 그 아픔과 상처가 나의 삶을 바꿀 수 있다면 그 아픔은 치유가 가능해야만 한다. 그렇지 않으면 계속 아프면서 살아야 하니까.

요즘 들어 아픈 사람이 늘어만 가는 것 같다. 물론 그 아픔의 뿌리는 안정적이지 못한 내 심리 상태에서 오는 고통일 수 있지만, 실제로는 찌들고 지친 삶이라는 단면에서 혼자 그 끝을 바라보는 듯한 외로움도 한몫한다.

그렇다면 어떤 아픔이 있을까. 매일 웃고 떠들며 살아가지만 돌아설 때 절여 오는 듯한 마음 깊숙한 곳의 진동은 무엇에서 비롯되었을까. 사랑하는 사람과의 헤어짐에서 오는 아픔일까 아니면, 누군가의 압박을 이겨내지 못한 마음을 움켜쥐어야 하는 그런 상처일까.

저마다 힘에 부치는 다른 삶을 살아가지만 우리가 버텨낼 수 있는 이유 하나는 아파도 어쩔 수 없이 하루를 이겨내야 하기 때문이다. 힘들어도 힘들다고 말할 수 없고, 기대고 싶지만 아직 그럴 수 없는 나는 결국 하루의 고통을 맨몸으로 맞이하게 된다.

가끔은 아프지 않은 척해야만 했다. 사람과의 만남에서도 나는 괜찮다는 표정으로 웃어야만 했고, 긴장을 놓을 수 없었다. 아무도 나를 힘들게 하지 않고 있다고 되뇌면서 말이다. 테이블 위 화분은 온몸으로 보여주지만 우리는 드러나기가 쉽지 않다. 조금이라도 흐트러질까 해서 마음을 다잡고 나를 안정시키는 자기 체면은 이제 익숙해질 때도 되었지만, 아직도 미숙하다.

하루를 이겨내며 살아야 하는 당신과 나는 '지친 하루가 과연 내

일도 그대로일까'라는 불안정한 마음으로 마무리 하는 시간이 늘어만 간다. 지난 기억은 상처로 남아 있어도 마음 한편에서 버티고 있는 것처럼. 괜찮지 않으면서도 괜찮은 척해야 하는 하루의 시작과 끝은 무엇을 남기게 되는 것일까.

"나 정말 힘들어", "나 괜찮지 않아"라고 언제쯤 말할 수 있을까. 이 책을 통해 당신의 마음을 넓은 가슴으로 안아줄 수 있다면 좋겠다. 힘들 때 누군가에게 기대도 좋듯이, 한편으로는 괜찮지 않으면 표시 내도 괜찮다고. 그래서 나는 이 말 한마디는 꼭 해주고 싶다.

"아파도 괜찮아."

아픔

#1

언제나 그 자리에 있는 것들

~

늦은 오후 미팅을 끝내고, 차를 몰아 우리 동네 초입에 이르자 찢어질 듯한 매미 소리가 들리기 시작했다. 길거리 사람들의 그림자를 길게 늘어뜨리며 구름에 묻힌 해는 뉘엿뉘엿 넘어가고 있었다. 소소하면서도 편안한 하루다. 그렇게 일상의 평화로움은 널리 있지 않았다.

가끔 불어오는 찬바람이 마음을 헤집을 때처럼 차갑고 끈적끈적한 이 기분은 습도 높은 장마라서 그런 것인지도 모르겠다. 메타스퀘어 가로수길을 지나며 머릿속으로 중얼거렸다. 오늘도 아프지 않았다고.

나는, 나를 찾기 위한 새로운 글을 쓴다. 기억을 더듬기도 하고, 들려 오는 옆 사람의 이야기를 써 내려가기도 한다. 이러한 게 하나 하나 모여 독자와 소통할 수 있는 책이라는 매개물을 내어 주었다. 혼자서는 어려운 이 길은 다른 사람의 도움이 필요했고, 누군가가 역할을 해줄 것으로 믿는 그런 하루였다. 나를 제외한 타인에게 나를 드러내며 대화를 이어가 본 적이 없었기 때문일까. 마음을 담은 글은 그래서 쉽지 않았다.

오랜만에 높은 하늘을 보고 싶어졌다. 감정을 드러내는 이야기를 하면 할수록 자신을 돌아보게 되어서 그럴까. 고개를 들어 보니 하늘 높이 푸르게 뻗어 있는 매타스퀘어가 한눈에 들어왔다.

"언제 이렇게 자리 잡고 있었을까."
"이렇게 높았다니! 참 아름답게 푸르구나."

변함없이 항상 그 자리에 있던 그것들은 내 무의식 속에서조차 인지하지 못하고 있던 것이었다. 그러나 잠시 숨을 고쳐 먹고 바라보니 그것은 그곳에 있었다. 그것도 항상.

끈적끈적한 장마와 같은 우리 인생의 지난 날들을 이제는 푸르게 가꿀 차례가 된 것 같다. 집으로 향하는 길에 미처 몰랐던 일상의 평온함, 그 소소한 것들을 보게 되었다.

나라는 사람의 내면도 언제나처럼 그곳에 있다고, 그렇게 믿으며 살아 보고 싶다. 그게 누군가에 의한 게 아니라, 내가 나에게 향하는 그런 마음을 말이다. 아픔이 섞여 있더라도, 언제나처럼 나를 사랑하고 있다고 말이다.

#2

나는 아프지 않은 척했다

~

오늘도 그렇게 살아냈다. 헐떡이는 숨을 참고 달리면서 삶의 고단함을 느낄 정신도 없었다. 나라는 객체가 세상에서 버림받은 듯 정말 아프고 힘들었지만 그러지 않은 척해야만 했다. 다른 사람의 시선이 무서웠는지, 고통스러워도 그게 나에게 주어진 운명인 것처럼 받아들이는 순응이 나를 더 힘들게 한다. 무엇이 사람들로 하여금 나를 옥죄게 하는지 모르겠지만, 나는 그렇게 혼자만의 신음 소리와 함께 버티고 버텨 고통을 이겨내야만 했다.

사람들 앞에서 반듯한 척해야만 했고, 행복한 듯 억지 미소를 지어야만 했던 모습이 보인다. 내 안의 상처를 보여주고 싶지 않았으니, 나는 행복한 듯 꾸며야만 했다고. 유행에 따를 줄 아는 듯

옷을 찾아 나서고, 피부는 하얗게 잘 가꾸어져 있어야만 빈티가 나지 않는 줄로만 알았다. 가족에 대한 그리움은 잊으려고만 했고, 한 사람의 말이 화살이 되어 나를 찌르더라도 나는 웃어야만 했다. 삭혀야만 했고, 버텨야만 했다. 그렇게 살아온 나는 도대체 어디에 있는 것인가. 조금씩 나를 잃어버리기 시작했다.

한숨짓는 삶은 내가 생각하던, 그러왔던 그런 삶이 아니었다. 그래도 하루를 지내면서 부딪쳐 오는 관계에서의 부자연스러움, 사랑에서의 결핍, 내 것 없이 살아가는 자존감을 놓쳐버린 그런 삶이 오늘도 지속된다면 더 이상 버티기 힘들 지경이다. 알고 보면 나로서 살았던 적이 언제였는지 누구도 말을 해주지 않는다. 때로는 바쁘다는 핑계로, 그렇게 시간에 몸을 맡겨 지나온 석이 셀 수 없기도 하다.

"숨이 막혀 버릴 것 같아." 허겁지겁 달려야만 하는 세상에 나 혼자 덩그러니 놓인 체스판의 말처럼 외로움을 견뎌야 했던 시간들. 때로는 넘어지고 까진 상처가 있더라도 금세 일어나야만 하는 게 옳았는지 모르겠다. 그렇게 앞으로 나간다고 한들 나만의 시간인지도 모른 채 타인을 위해 그렇게 지내야만 했다. 더 나아질 기미가 보이지 않았지만, 나는 그렇게 혼자만의 괴로움을 삼켜야만 했다. 그게 내 운명인 듯 받아들이면서 말이다.

그렇게 달려온 당신, 얼마나 힘들었을까. 아는 것 하나 없는 내가 당신의 아픔을 나누고자 하는 게 지나친 간섭일지라도, 나는 그렇게 하고 싶다. 내가 그 아픔과 고통을 다 알지는 못한다마는, 그래도 작은 위로가 되어주고 싶다. 단지 옆에 앉아 같은 공간에서 함께하는 것만이 내가 할 수 있는 전부지만, 그래도 나는 당신의 아픔을 나누고 싶다. 위로가 될 수 없을지 몰라도, 꼭 그렇게 하고 싶다.

지금의 이 모습, 어제도 그랬고 오늘도 그럴지 모른다. 뭉게구름 속에 숨어 살고 싶을 정도로 벗어나고 싶었던 지난 시간이 현실을 일깨워 준다. 그런 운명에는 아픔이 없다는 걸. 그러니 스스로가 아프지 않은 척하는 모든 것에서 벗어나길 바란다. 그렇게 힘을 내어 다시 한 번 살아보라고 말하고 싶다. 바쁜 삶의 유속이 나를 쓸어버리더라도, 지친 몸이 나를 넘어뜨리더라도 용기 내어 살아보라고.

나는 아프지 않은 척했지만, 당신은 아프면 아프다고 말하면 좋겠다. 스스로를 믿고, 더 이상 아픔을 삭이지 말고, 자신으로서 말해 보라고. "나 참 열심히 하고 있구나. 잘해 보려다 보니 사람과의 관계에 집착했구나. 그래서 상처받았구나." 그렇게 스스로 따뜻하게 안아주길 바라 본다. 아끼지 말고, 아프지 않은 척하지 말고, 스스로의 존재만을 생각하고 인정해 주었으면 한다. 그렇게 힘을 내어 보길 바란다.

#3

상실감에는 처방전이 없다고

~

가끔 뚫린 하늘처럼 마음이 휑할 때가 있다. 아니, 한겨울에 찬바람이 들어간 무의 새카맣고 볼품없는 속 모습처럼 처량한 순간이 그렇다. 왜 그런지 알 수는 없지만 왠지 모르는 심리적 공허함이 나를 더 힘들게 만드는 것 같다. 명절에 자식과 손주들이 우르르 찾아왔다가 다음날 썰물처럼 빠져나갔을 때 찾아오는 할아버지 할머니의 공허함, 죽기 살기로 공부한 수험생이 늦잠을 자 시험조차 보지 못했을 때, 그리고 소유하면 모든 게 다 잘될 줄만 알았던 큰돈을 가졌지만 그게 아님을 알 때의 공허함은 끝이 없다.

〈오징어 게임〉 마지막 장면에 001번 할아버지는 자신이 게임의 주최자였다는 것을 밝히면서 이런 말을 한다.

"돈이 없는 사람과 너무 많은 사람의 공통점이 뭔지 알아? 삶이 재미가 없다는 거야."

삶이 재미없기는 돈이 있어도, 그리고 너무 없어도 마찬가지란 거다. 재미없는 인생이 그 끝을 달린다면 공허함은 그 빈 공간 속 투영되는 무감정의 불안정한 요소이자 상실감의 다른 표현이다.

사실 상실감은 불편함과 연관이 깊다. 어떻게 보면 비슷해 보이지만 그 안을 본다면 정말 다르다는 걸 알 수가 있다. 이에 대해 인지심리학자 김경일 교수는 《적정한 삶》에서 상실감은 좋아하던 것을 할 수 없는 상황, 불편함은 일어나서는 안 되는 일이 일어난 상황에서 나타난다고 말했다. 즉, 일상의 행복함을 잊은 새로운 시대에 살고 있는 우리들의 심리 상태는 대부분 '상실감'이다.

사랑하는 사람의 죽음일 수도 있고, 반대로 죽어가는 사람은 사랑하는 누군가를 떠나야 한다는 상실감이 있을 수 있다. 이 모든 것은 헤어짐이라는 자연에 순응해야 하는 불변의 법칙이다. 다만, 예상치 못하는 인생의 결말을 갑작스럽게 맞는 사람들의 상실감은 더 없는 아픔이다. 항상 있어야 할 자리에 무언가가 쏙 빠진 듯, 그런 빈자리는 쓸쓸함마저 느껴지기도 한다.

잠시 상상해 볼 수 있을까. 머나먼 여행길에 오르는 청년, 조만간 돌아오지 못할 비행기를 탑승하는 날에 마중 나온 가족, 친구들, 연인과 나누는 이별의 인사. 아무리 얼굴을 매만지며 "잘 갔다 와"라는 마음을 담은 인사를 나누어도 그 시간만큼은 빨리 지나간다. 그렇게 무거운 가슴으로 인사를 나누고, 수척해진 청년은 비행기에 올라타며 사랑하는 사람들과 이별을 한다.

좁은 비행기 탑승구를 걸어가면서 마치 다시는 돌아오지 못할 것처럼 발걸음이 떼어지지가 않는다. 항공기 승무원의 "어서 오세요. 반갑습니다. 고객님 자리는 이쪽에 있어요"라고 나를 반겨주지만, 결국 나의 마음은 저 울타리 밖에 있다. "다시 돌아가고 싶다. 친구와 가족, 그리고 사랑하는 연인에게로 돌아가고 싶다"라고 혼자 창밖을 내려다보지만 나만의 공허함으로 비행시간을 채워 버린다.

그렇다면 우리는 어떻게 이 힘겨운 시간을 버티고 이겨낼 수 있을까. 전문가에 따르면 주변에 이 사실을 알리는 대화부터 시작해야 한다고 한다. 자신의 심리적 상실감을 누군가와 이야기할 수만 있다면 이미 해결의 실마리를 찾을 수 있다고. 도움이 필요할 때 도움을 요청할 줄도 알아야 하는 이유는 이렇게 간단하지만 그게 쉽지만은 않다. '적당한 시간이 되면 알아주겠지'라는 생각은 자신을 더 힘들게 만들 수 있다.

자신의 감정을 파악하면서 극복하기 위한 방법이 있을까. 이미 상실감은 '좋아하던 것을 할 수 없는 상황'이라는 원인을 알았다면, 처방도 그에 맞게 내릴 수 있다. 현재 상황에서 하지 못했던 것을 해 나가는 방법으로 말이다. 상황의 제약으로 마음껏 할 수 없다고 해도, 감정의 해소를 할 만한 일상의 즐거움을 찾는 것이다. 평소 언락이 없던 친구에게 이유 없이 진화하기, 아빠가 퇴근할 시간에 맞추어 "수고 하셨어요. 이번 주말에 집에 갈게요"라고 통화하기, 맛집을 가거나 사고 싶은 옷이 있다면 더 이상 미루지 않기 등이다.

내 감정을 누군가와 나누는 것이 중요한 이유는 내 상태를 객관적으로 인식하고 해결책을 찾기 위해서다. 지금의 심리 상태를 마냥 놔둔다면 결국 병이 되고, 더 힘든 상황을 맞이하게 될 수 있기 때문이다. 정말로 이겨내고자 한다면 현재 내 감정을 파악하기 위한 노력은 꼭 필요하다. 그런 심리적 움직임은 흔들리는 마음의 중심축이 되어 결국 극복할 수 있는 힘을 완성한다.

뭐든지 가만히 있는데 해결되는 것은 없다. 특히 자신과 관련한 내면의 이야기일수록 더욱 소극적일 수밖에 없다. 사람은 상실감을 경험하면서 한없이 나약함을 겪지만, 결국 다시 회복할 수 있는 힘을 가지고 있다. 내 심리 상태를 꺼내 놓자니 들어줄 사람이 없고, 용기 내어 이야기를 풀어낸다고 이해해 줄리 만무하다면 결국 마음 깊숙한 곳에 꾹꾹 눌러놓는 게 편할 수도 있다. 그렇게 상실감은 쉽지 않은 해결책을 필요로 한다.

#4

버림받는다는 것

~

작은 섬마을에 관광객이 넘치는 시기는 여름이다. 그런데 성수기가 지날 무렵이면 집 잃은 강아지가 그렇게 많다고 한다. 도시에서 여행을 왔지만, 돌보는 게 어려워서 그랬는지 강아지만 섬에 남기고 떠나는 가족이 한둘이 아닌가 보다. 유기견들은 영문도 모른 채 한때 자신을 사랑해 줬던 가족에 의해서 버려졌다는 사실을 모를까.

한 아이는 태어난 지 얼마 안 되어 어느 허름한 건물 처마 밑에 버려졌다. 그것도 자신의 친모로부터 말이다. 가장 사랑받아야 할 아이가 그렇게 버려질 때 아무런 감정이 없었을까. 그렇지 않다고 한다. 인간은 시신경이 발달하지 않았다고 해서 그가 처해 있는 상황을 알아차리는 동물적 감각이 없는 건 아니다.

부모님의 이혼으로 인해 보육원에 맡겨진 아이는, 자신은 하나의 짐 덩어리가 된 것처럼 상처를 안고 살아간다. 그런 아이가 느끼는 첫 번째 감정은 '나를 버렸어'라고 한다. 생각만 해도 찡하다. 사랑 받으며 자라기에도 부족한 아이는 버림받은 기억을 몸으로 기억하고, 세상의 험악함을 배우며 성장한다.

군화를 거꾸로 신는다는 얘기가 있다. 군대 간 사이에 떠나 버린 연인 사이의 이야기다. 아련하게 사랑을 키워 나가지만 늘 열정적인 사랑이 지속되는 것만은 아니다. 내게도 잊혀지지 않는 고통의 시간을 선사한 그녀가 있었다. 우리 둘은 첫 만남부터 설레며 뜨거운 사랑을 나누었지만, 군대가 둘 사이를 갈라놓았다.

그때나 지금이나 내 의사와는 상관없이 사랑하는 이를 멀리해야 하는 상황은 받아들이는 게 쉽지 않다. 힘든 훈련을 마치고 100일 만에 첫 휴가를 받아 그녀와 자주 가던 카페 깊숙한 곳, 우리만의 자리에 앉아 그녀를 기다렸다. 얼마 후 도착한 그녀에게서 낯선 기운을 느꼈다. 언제나 매달고 다니던 내가 선물했던 열쇠고리는 그녀의 가방에서 더 이상 발견할 수 없었다. 뻣뻣한 새 신발을 신었을 때보다 더 불편한 마음으로 덤덤하게 순간을 맞았다.

"나 그 오빠 다시 만나기로 했어."

"어, 그래……."

그녀의 한 마디는 나를 죽음과 같은 어두움의 시간으로 초대했다. 그래도 입술을 깨물고 버텨야만 했다. 나는 올 게 왔다는 태도로 대답하기는 했지만 마음이 무너져 내리는 순간이었다. 그렇게 사랑으로부터 버림받으며 구멍 난 가슴을 부여잡고 한없이 울었던 시간은 아련하기만 하다. "잘됐어. 나보다 더 행복하게 해줄 수 있다면, 누구든 상관없어"라고 스스로 안정하려 애썼지만 쏟아지는 눈물은 막을 길이 없었다.

김이나 작사가는 2007년 왕가위 감독의 작품 〈마이 블루베리 나이츠〉에 나오는 장면을 기억했다. 영업이 끝난 카페에서 여자는 실연당한 이유를 찾고 있었다. 한 남자의 위로에 여자는 말했다. "모든 일에는 다 이유가 있어요. 이 파이만 해도 그렇죠. 매일 밤 치즈케이크와 애플파이는 다 팔리고 없지만, 이 블루베리 파이는 고스란히 남아 있잖아요."

여자의 말에 남자는 이렇게 대답했다.

"블루베리 파이는 잘못이 없어요. 사람들이 그냥 선택하지 않은 것뿐인데, 파이를 탓하면 안 되죠. 헤어짐이라는 건 꼭 누구의 잘못 때문에 일어나는 건 아니죠. 그냥 마음이 끝났을 뿐인데."

대부분의 버림받음은 사랑하는 이로부터 온다. 때로는 그게 선택의 외면일지라도, 그것은 또 다른 사랑의 결과일 수 있다. 사랑하는 연인과 친구로부터, 때로는 몸담은 조직으로부터 버림받지만 이 모든 것의 결과물은 비슷하게 아프다. 관계의 형성에서 전해 오는 삶의 가치를 극대화하는 사람일수록 고통은 크게 느껴진다.

사랑하는 이로부터 버림받거나, 관계의 완벽함을 자랑하던 이로부터 잊히기도 한다. 하지만 가장 가까운 사람으로부터 버림받았을 때는 복구하기 어려울 정도로 힘들다. "더 이상 버림받지 않겠어. 그리고 상처받지 않겠어"라고 되뇌며 사람과의 관계는 치밀해지고, 돌다리도 두드리며 건너듯 조심스러워진다. 그 아픈 것을, 그 슬픈 관계의 흔들림을 다시는 경험하고 싶지 않으니까. 그러고 보면 버림받는다는 것은 아픔이란 단어의 결정체인가 보다.

#5

어쩔 수 없는 운명

~

사람은 스스로 어떻게 해야 하는지도 모르면서 운명을 받아들이고 살아간다. 운명이란 자신이 살아가야 할 경로를 말하는 것이지만, 요즘 같은 변화의 시대에서는 굳이 정해진 길만 있다고 볼 수는 없다. 운명을 받아들일 때 중요한 것은, 그 운명이 변화 가능한지 따져 볼 수 있는 자신만의 방식이나 기준이 있는 지이다. 이것을 나는 중심잡기라고 말하고 싶다. 스스로 균형감각을 갖추고 있을 때 무엇이든 새롭게 시작할 수 있기 때문이다.

바꿀 수 있는 운명이란 깊은 내면의 이야기만이 아니다. 단지, 우리만큼은 자신의 삶을 스스로 변할 수 있다는 걸 믿고 싶은 것이다. 우연히 들은 '피아졸라'라는 클래식 밴드의 내한공연을 보고 운명적으로 "내 운명을 바꿔 놓은 피아졸라, 한 곡 한 곡 영혼 갈아 넣었죠"라고 말하는 반도네오니스트 고상지 연주자처럼, 운명의 길이 어느 한순간의 자극으로도 달라질 수 있다는 건 꽤 괜찮은 이야기다.

운명적인 인생. 생존을 위한 삶이었던가, 아니면 내 삶을 살기 위해 생존해 있는 건가. 소크라테스도 해결 못한 이 명제는, 오늘도 나에게 생각할 시간을 준다. 아침마다 어김없이 생각의 시간, 그 시간이 되면 잠에서 깨어나 이불을 박차고 화장실로 가 잠시 명상에 잠겼다 물을 내린다. 그렇게 하루의 시작은 매번 변화 없는 운명을 받아들이며 시작된다.

인간이 삶을 살아가는 과정을 '인생'이라고 부른다면, 모든 사람은 자기 고유의 삶과 행복을 누리기 위해 살고 있다. 그래서 인생을 말할 때 행복은 빠질 수 없는 필수 요소인가 보다. 미국 토머스 제퍼슨 대통령의 독립선언문에는 이런 말이 있다.

"모든 사람은 평등하게 창조되었으며, 이들은 창조주에게 생명, 자유, 행복 추구를 포함하는 양도 불가능의 권리를 부여받았다."

여기에서 추구한다는 뜻은 참 사려 깊으면서도 또 한편으로는 지극히 철학적이고, 희망적 문구임에 틀림없다. 그것이 인생이고, 생의 마지막 순간까지 그리워할 인간의 가장 큰 기억인가 보다. '어떻게 살았을까' 아니 지금처럼 '어떻게 살아갈까'라는 질문에 답을 하기 위해 오늘도 우리는 분주하게 움직이고 있다. 저마다의 생활과 행복을 위해 살지만, 모두가 그렇게 살아가는 것도 아니면서. 사실 예기치 않게 자기가 의도하지 못하는 길로 내 인생의 바닥을 경험하는 경우가 허다하기 때문이다.

평생을 공부하고 희망에 차 입학한 학교에서 새로운 미래를 발견하지 못하고 중도 하차해야 하는 청춘은, 아직도 늘어진 어깨를 추스르지 못하고 있다. 아직 대한민국은 OECD 국가 중 청년 자살률이 상대적으로 높다는 씁쓸한 기사를 볼 수 있듯, 저마다의 자리를 잡지 못한 우리의 청춘은 아직도 그들만의 방식으로 삶에 맞서 싸우고 있는 것이다. 사실 삶은 살아져야 하는데 이렇게 어쩔 수 없이 일상을 살다 보니 자연스럽지 못한 뻣뻣한 결과물로 연결되는 것 아닐까.

어느때보다 자주 들려오는 말이 있다. "요즘 애들, 얼마나 편해졌는지 몰라. 나 때는 말이야, 밥 한 끼 먹는 것도 힘들었어." 조금만 힘든 모습을 비추어도 어김없이 라떼가 등장해 내 현실을 모른 척 말한다. 그 말도 틀린 말은 아니다. 다만 우리들도 먹고, 자고, 입기 위해 고군분투하고 있다는 걸. 그런 말 하나가 내 상처를 더 아프게 한다는 것을 말하고 싶다.

"다들 잘 벌고, 잘 먹고사는 것만 같았어요. 그런데 왜 나만 이렇게 되었을까. 뭐든지 잘할 수 있을 줄만 알았지만, 지금 당장 먹고사는 게 문제죠. 저는, 10대에 연극을 시작해서 30대 중반인 지금 현실을 깨달았습니다. 원하는 걸 한다고 그렇게 살아지지는 않는다고요. 그렇게 하고 싶은 걸 했지만, 사실 계속할 수 있을지 의문만 생겨납니다. 그거 아세요. 불안정이 익숙해지는 게 얼마나 무서운지요."

상담 중에 한 청년은 말했다. 30대 중반이 되어서야 어렵게 임시직으로 취업해 처음으로 회사에 다니고 있는 그의 말에는 진심이 묻어 있었다.

인생이 자신의 의지대로 변할 수 있는 삶이라면 얼마나 좋을까.

우리를 힘겹게 만드는 건 우리의 인생이 쉽게 바뀌지 않는다는 걸 알아가는 과정이다. 지금보다 나아지기 위해 부단히 노력해도 변화의 길이 보이지 않는, 현실 앞에 무너지는 우리들. 인생을 어쩔 줄 몰라하며 그저 받아들이고 살아야 하는 건지, 생각이 많아지는 요즘이다.

#6

생각의 불편함

~

"오늘은 또 무엇을 하면서 하루를 보낼까." 나는 주말이면 잠옷 겸 외출복인 추리닝 반바지와 티셔츠를 입은 채, 까치집이 내려앉은 옆통수를 소파 위에 올려놓으며 생각에 잠긴다. 리모컨을 만지작거리며 머리 아팠던 생각에서 빠져나오고 싶지만 그게 잘 안 되어 힘들다. 재미있는 방송이 나오는지도 모르면서 애꿎은 채널만 위아래로 돌리며 뭔가 특별한 것이 없는지 방황하다 결국 눈을 감는다.

혼자 조용히 있자면 머릿속에 떠오르는 잔상들은 매일매일 비슷하다. 그것들의 대부분은 최근 나와 마찰이 있거나 앞으로 마찰이 예상되는 사람들의 모습이며, 그들과 연관 지어진 사건들의 필름이다. 누군가의 시선으로 입었던 상처가 갑자기 튀어나와 걷잡을 수 없을 정도로 머릿속을 채우기도 한다. 수행을 하는 스님들은 생각에 잠긴 것인지 졸고 있는 것인지 모르겠지만, 눈을 감고 있는 시간이 많으면 많을수록 이런저런 잡념이 드는 건 어쩔 수 없다.

최근 이렇게 생각이 많아지게 된 것은 아직도 내 몸과 마음의 안정이 제 궤도에 오르지 못했다는 방증이기도 하다. 생각이 많다 보면 그 생각이 또 다른 생각을 만들어 내고, 결국 좋지 못한 결론에 이르게 되는 악순환이 되는 것이다. 그것은 나를 위한 생각이라기보다는 다른 사람을 불신하기에까지 이르러, 화살이 되어 결국 나를 삼키는 함정이 되어 버린다.

생각의 고통을 제대로 경험했던 대학생 시절의 일이 생각난다. 당시 나는 자립심이 있고, 나름의 주장을 펼칠 만한 용기로 포장한 무모함을 가진 돈키호테와 같은 청년이었다. 학과 대표를 거쳐 총학생회장으로 봉사할 기회를 가졌을 때, 나는 운동이 아닌 학생들의 편의를 위해 일하자는 마음이었다. 그러나 마치 내가 아니면 모든 게 해결되지 않을 것만 같은 혼자만의 생각이 나를 깊은 고통의 골짜기로 안내했다.

무엇이든 앞에 나서면 보통 보이지 않는 적이 생기게 마련이듯, 당시 나에 대한 이상한 소문이 주변에 파다했다. 내가 지위를 이용해 월권을 휘둘렀다는 루머가 퍼지기 시작한 것이다. 사실 나는 그럴 만큼 배짱도 없었고, 치밀하게 계획적이고 성공에 목말라 하지도 않았다. 특히, 누군가를 설득하는 언변도 뛰어나지 않았다. 가장 친했던 술친구들도 하나둘씩 나를 페르소나와 같이 얼굴을 여럿 가진 사람마냥 손가락질하는 듯했다.

복도를 지나다 같은 학과 친구를 마주치기라도 하면 내 눈을 피하는 게 느껴지는 그 기분. 나는 며칠을 끙끙 앓을 정도로 몸져누웠다. 가까웠던 사람들이 슬슬 나를 멀리하는 게 느껴졌을 때, 그리고 그들의 시선에서 마치 '거짓말쟁이'라고 비웃는 듯한 환청이 들릴 때, 그것만큼 나를 고통스럽게 하는 건 없는 듯했다. 정말 바보 같았던 건 당당해야 할 내가 생각의 나약함에 빠져 매일같이 속을 태우기만 했다는 것이다.

움직여야만 했다. 그러나 침대 깊숙이 나만의 작은 울타리에 숨어 버렸다. 그리고 보면 항상 우리를 고통스럽게 하는 사람은 자신이라는 것을 잊어 왔다. 지금 생각해 보면, 나를 고통스럽게 만든 것은 내 생각일 뿐, 내가 아니었다. 내가 고통을 바라지 않았듯이 내 모든 것들도 나에게 고통 주지 않기를 바랐다. 다만 생각을 떨쳐 내야 한다고 말하지만 늘 제자리걸음이었다.

생각이 많다는 것은 무언가를 확대 해석하거나 상상의 날개를 펼치게 하고, 불필요한 감정과 의식들을 동원하게 되어 결국 생각에 울타리를 치게 된다. 무엇이 문제인지 살펴본다면 결국 나의 자세와 소양의 문제임을 알 수 있다. 그러나 헤어 나오질 못하는 이유는 무엇일까. 생각을 머릿속에서 지워 버리고 싶다면 조금 앞으로 나와야 한다. 누군가의 시선을 고통스럽게 느낀다면, 나의 가치를 평가받고 싶기에 누군가를 미워해야 한다면, 내 생각을 바꾸는 게 빠른 방법일지도 모른다.

#7

나도 모르게 두렵다

~

세상의 모든 사물에 대해 우리는 평가를 내린다. 좋고 나쁘고, 필요하고 불필요하고의 모든 건 무의식중에 펼쳐진 평가에 의해서 내려지는 결론이다. '오늘 날씨가 추운데 옷을 따뜻하게 입고 출근해야겠다'라는 건 어제의 날씨와 비교했을 때 추워진 것이고, 내 신체가 오늘의 날씨를 이전의 기록들과 비교를 하며 평가한 끝에 내린 결과라고도 할 수 있다.

사실 대부분이 두려움이다. 인생 자체가 그런가 보다. 나도 모르게 바다로 흘러드는 강한 강물에 잘못 섞여든 작은 물고기인 것만 같았다. 나는 그냥 살아왔고, 어디로 흘러가는지 모르는 듯 어지럽게 방황의 시간도 있었다. 특별한 길잡이가 없었고, 누구도 맞는 길이라는 것을 알려주지 않았기 때문이었을까. 내 인생의 앞날을 조금이라도 고민해 볼 수 있는 기회가 있었다면 지금까지 오는 길을 이렇게까지 무리해서 돌아오지는 않았을 텐데, 좋은 길을 놔두고 굳이 멀리 돌아온 느낌이다.

정문정 작가의 《무례한 사람에게 웃으며 대처하는 법》에는 재미있는 표현이 있다.
"나무늘보의 늘보는 느림보라는 뜻이다. 느림보는 나태 태만을 뜻한다. 나무늘보 입장에서는 이렇게 살도록 태어난 것뿐인데, 인간들에 의해서 느림보라고 불리는 게 얼마나 억울할까."

나는 어느 순간 사람들로부터, 그들의 시각으로 해석되어 불리는 것이 싫었다. 물론 아무도 나에게 느림보 또는 게으름뱅이라고 손가락질하지는 않았지만, 나에게 느림보라고 부르듯 환청이 들려오는 것처럼 나를 자극하기 시작했다. 나무늘보와 마찬가지로 모든 사람들은 자신 고유의 유전자를 갖고 태어났는데, 나의 행동이 과연 누가 만들어 놓은 기준에서 게으르다고 말할 수 있는 것인가.

죄 없는 나무늘보는 인간이라는 한없이 이기적인 종에 의해 '느림보'라는 이름을 갖게 되었고, 그들은 게으름뱅이가 되어 버렸다. 나 역시 마찬가지다. 나는 그저 아는 대로 행동해왔을 뿐인데, 자신이 세상 속에 헤매는 작은 물고기와 같다는 것을 인지하면 더 발전된 삶을 살지 않을까.

자신은 가만히 있는데, 세상이 조금씩 멀리하는 듯 거리두기를 할 때 나는 소외감을 느낀다. 그때 사람들은 홀로된 자신을 되돌아보고 헤어 나오기 힘든 우울감에 젖기도 한다. 저 앞에 있는 누군가와 내 격차를 보면 더 힘들다. 현대 사회는 모든 게 정말 빠르게 생겨나고, 새로운 것으로 금세 옮겨간다. 무언가에 적응을 했다고 생각하면, 이미 그런 지식은 필요가 없어지는 것처럼 말이다.

우리는 하이테크 시대에 살고 있다. 상점에서는 셀프 계산기 또는 자동 주문 시스템을 이용하기도 한다. 나는 아직까지는 어렵지 않게 이러한 시스템을 사용할 수 있으나, 이전 세대들에게는 얘기가 달라진다. 머리를 쥐어 뜯고 싶을 만큼이나 세월의 속도에 불만이 많을 것이다. 이처럼 세상의 변화는 우리에게 절대로 친절하지 않다. 기술이 편리해질지는 몰라도 말이다. 세대, 그리고 시대의 흐름에 그저 휩쓸려가는 듯한 우리들의 삶이 이제는 시대의 노예가 되어 가는 것은 아닐까.

해가 서산 허리에 걸치는 저녁 무렵, 나는 종종 양재천에 산책을 나간다. 내가 자주 가는 강가 중간에는 위아래를 넘어 다닐 수 있도록 구름교가 있다. 다리에 올라서면 바로 아래에는 팔뚝만한 잉어들이 누군가가 먹이를 떨어트려 주지 않을까, 수면 위에 주둥이를 내밀고 뻐끔뻐끔 노래를 부른다. 그들을 보면서 겪어온 많은 시간을 떠올려 보았다. 지난 날의 모든 것들, 생각해 보니 나 자신에게는 잘못이 없다는 결론에 도달하게 되고, 자신을 위해줄 수 있는 용기가 생기기도 한다.

"나 지금 어디로 가고 있는 걸까, 여기가 내가 가야 할 길이 맞는 거야?"
"무언가 해야 할 것 같아. 마음이 급한데, 무얼 해야 하는지 모르겠어."

일을 해야 한다는 강박관념에 취업을 하고 사회생활을 시작한 그때도 나는 작은 물고기였을까. 친구의 해외 생활이 부러워 해외 여행을 떠나며 경험에 목말라 했던 나는 그때도 작은 물고기였을까. 조금이라도 성장해서 다른 강물로 떠나 보았다면 내 인생은 어떻게 변했을까. 그렇게 성장도 하기 전에 나라는 물고기는 세상이라는 큰 강물로 흘러들어 갔다. 이 강물은 바다로 향하고 있을지도 모른다는 무언의 중압감과 불안감을 남긴 채 말이다.

#8

그렇게 어른이 되어간다

~

문득 어른이 되어간다는 게 무엇을 의미하는지 궁금해졌다. 칸 영화제 심사위원상을 수상한 고레에다 히로카즈 감독의 〈그렇게 아버지가 된다〉에서 풀어 썼던, 가정을 꾸리고 아이의 성장을 지켜볼 수 있는 것이 어른의 다른 말이라고 해도 될까.

지극히 개인적인 생각이지만, 어른이란 의미를 두 가지로 정의 내릴 수 있다. 첫째는 생물학적으로 탄력 있던 60조 개의 세포가 나이를 먹어 제 기능을 마음껏 발휘하지 못하는 것을 말하기도 하고, 둘째는 내적 성숙함인데 자신이 하는 행동에 대한 결정권을 가지고 행위에 대한 책임을 질 수 있는 것을 말하기도 한다.

그렇다면 나는 어느 곳에 가깝다고 말할 수 있을까. 편의점에서 막걸리를 구입할 때 내미는 주민번호의 숫자를 보며 어른이 되었다는 이상한 상상에 잠기기도 하지만, 실제로 내가 어른이 되었는지는 나 스스로 정의하기는 힘들다.

사회에 첫 발을 내딛고 첫 월급을 탔던 날, 스스로를 어른이라고 느낀 적이 있다. '나도 어른이 되었구나'라고 그렇게 행복에 겨워 '나도 다 컸구나'라며 목에 힘을 주었던 적도 있다. 이처럼 자신의 힘으로 무언가를 얻어낸 성과에 대한 자립심은 어른이 되어가는 계단의 첫 번째가 되기도 한다. 그런 측면에서 본다면, 첫 월급의 의미를 알아차린 것도 성숙의 한 단계라고 볼 수 있지 않을까.

다만, 시간이 지나며 그 성숙의 깊이는 바쁜 삶 속에서 제대로 된 방향을 잃기도 한다. 그것을 방황이라고 할 수도 있지만, 어른이 되어가는 과정의 하나라고 본다면, 그 과정을 마다하며 지름길로만 가려는 욕심은 지나칠 수도 있다. 사전에서 말하는 다 큰 사람이건, 내적 생각의 거침을 보듬어 줄 수 있는 성인이 되었건, 어른이라는 말 자체는 나에게 어른스럽게 행동하도록 하는 깊은 의미가 담겨 있음은 분명해 보인다.

사람과의 관계에서도 어른임을 말할 수 있는지, 누군가를 어른이라고 느끼면서 상대를 존중하는지, 사실 주관적인 평가의 잣대만이 시대에 존재한다. 어렸을 때 몸무게에서 성인이 갖추어야 할 성장이 이뤄지고, 또 성인식을 끝내면 어른이 되었다는 자평을 내놓기에 우리의 성숙도는 어느 누구의 저울에 올려져도 숫자로 계량화하기는 힘들다. 나는 정말 어른이 되어가고 있는 걸까.

리처드 바크의 소설 《갈매기의 꿈》에 등장하는 조나단은 다른 갈매기들처럼 먹이를 먹기 위해 어선 주위나 맴도는 새가 아니었다. 비행하는 걸 좋아하던 조나단은 빠르게 나는 것을 연습했고, 하늘 높이 날았다. 결국 자신의 세계로 접어들면서, 그만의 현실에 대입해 멀리 볼 수 있는 안목을 가지게 되었다.

이야기의 깊은 곳에서 아프지 않을 수 없는 인생의 배움을 느낄 수 있다. 삶을 살아가는 방식은 타인에 의해서 결정될 수 없으며, 그 기준은 스스로가 결정하는 것이다. 우리가 높이 날아야 하는 이유는, 현재 내가 어디에 있는지를 점검하고 앞으로 나아가야 할 방향을 내다볼 수 있기 때문이기도 하다. 그렇게 우리는 혼자서 하늘을 나는 방법을 연습하고 있다. 책을 읽고, 여행을 하기도 하고, 공원을 산책하면서 말이다.

"멋진 인생을 살고 싶다면 사람들이 많은 곳이 아닌, 돈을 많이 벌 수 있는 곳이 아닌, 자신이 좋아하는 것과 사랑하는 것이 있는 세상으로 들어가야 해요."

— 안상헌

사회에 진출한 새내기들은 자신이 열망해온 조직에 들어가 보니, 입 안에 고구마를 5개나 넣은 것처럼 답답함을 느끼게 된다. 그렇게 사회는 녹록지 않으며, 영화나 TV에서 보던 그런 낭만적인 곳이 아니라는 걸 깨달을수록 몸과 마음은 만신창이가 되어 간다.

조나단이 그랬듯이 나라는 사물을 다른 사람의 시각으로, 객관적으로 관리해 내는 능력은 유용하다. 그러기 위해서는 내 삶의 관리자라고 생각하는 마음가짐이 중요한데, 주인으로서 책임감 있게 바라보고 사랑해 주는 모습이다. 바로 내가 내 인생의 주인이 된다는 그런 얘기. 내 삶에 책임감이 늘어만 가겠지만, 피할 수 없는 이상적인 삶이기도 하다. 그것이 바로 어른이 되어가는 길목이다.

#9

상처 입은 내 모습

~

어느 때보다 서로를 보듬는 위로가 필요한 시대에 살고 있는 것 같다. 전라남도 해남 울돌목의 빠른 유속처럼, 바뀌어 가는 일상을 마주하다 보면 닥쳐오는 위기는 정말 다양하다. 우리는 그렇게 도전의 연속과도 같은 현대를 살아가고 있다. 외로울 수도 있는 이때, 누군가 옆에 있어 주면 얼마나 좋을까. 그래서 위로는 이미 지칠 대로 지친 우리에게, 나를 살게 하는 또 하나의 양식이 될 수도 있다.

가끔 '완벽한 사랑을 할 수 있을까'라는 생각을 해본다. 그럼 완벽한 사랑이란 무엇일까. 남자 친구가 자신만을 바라보며 꼭 필요할 때마다 간드러진 목소리를 전해 주며, 부드러운 사랑을 이어

나가는 게 과연 완벽해지기 위한 수단일까. 가끔은 남자 친구도 자신의 시간이 필요할지도 모른다. 그러나 그럴 때마다 서로에게 사랑의 역할이 필요한데, 그것을 충족하지 못해 다툼이 발생하고 상처를 입는다.

나는 5남매 중 다섯째로 형제들과 터울이 꽤 있게 태어났다. 내가 4살 되는 해에 어머니는 알 수 없는 지병으로 돌아가셨고, 가세도 흔들렸다. 그때부터 아버지는 상실감으로 조금씩 술을 마셨다고 한다. 그래도 단란했던 가족의 소소한 행복은 웃음으로 넘쳐났다. 학년이 올라갈수록 형제들은 하나둘씩 성장하여 집을 나갔지만, 나는 아직 어린 초등학생이었다. 웃음이 넘치던 집안이 언젠가부터 조용해지기 시작했다.

학교 생활에도 영향을 미쳤다. 과제를 준비해 가지 않는 날이 늘어만 갔다. 사뭇 바뀐 집안의 조용한 분위기 때문일까, 아무것도 하기 싫었다. 숙제를 해가지 않을 때마다 크게 혼나면서도 쉽게 바뀌지 않았다. 보통 혼나면 그게 무서워서라도 숙제를 해갈 텐데, 나는 그러지 않았다. 그때부터 저녁만 되면 내일에 대한 두려움이 생겼다. 내일은 어떤 일이 생길까 불안하기만 했지, 그것을 어떻게 해결해야 할지 생각하지 못했다.

스스로 계획하고, 무언가를 해나가기에는 벅찬 시기에 누군가가 내 옆에서 한마디만 해주었다면, 따뜻한 조언 하나만 있었다면, 내 초등학교 성적표는 금세 올라갔고 얼굴은 더 밝았을지도 모른다. 무엇보다도 불안하고 조급한 생각에 잠을 설치치는 않았을 것이다. "상권아, 선생님이 내주신 숙제 있으면 함께 풀어보자, 걱정하지 마 어렵지 않으니까"라고 말이다.

오늘의 일을 잘 끝내지 않는 버릇은 아직도 남아 있고, 지금도 잠들 때면 내일에 대한 불안함이 편안한 잠을 막아선다. 정리하는 습관을 들이고 편안하게 자면 되는데, 그게 잘 안 된다. 그때의 나를 위로받을 수 있다면 지금이라도 편안한 밤이 될 수 있을 것만 같다. 혼잣말로 상처를 보듬기에는 내 마음이 안정적이지 못할 때가 있다. 나약해져서 그런 걸까. 우리는 아픈 마음에 쉽게 익숙해지기도 한다. 그럴 때일수록 이렇게 말해 보자.

엄살이라고 가볍게 여기지 않기
보기 싫다고 억지로 딱지 떼지 않기

아무렇지 않은 척 괜찮은 척하지 않기
무엇보다 내 아픈 마음에 익숙해지지 않기

싫다고 모든 걸 벗어나려고만 한다고, 싫어하는 그 사람을 멀리 해야만 한다는 게 결코 나의 아픔을 달래줄 수 없다는 걸 알아서일까. 잘 아물 때까지 보기 싫은 딱지도 떼지 말아야겠다고, 상처가 커지기 전에 보듬어야겠다고 말이다. 그렇게 버텨내면 스스로 위로할 수 있는 시간은 만들어진다.

상처 입은 내가 저 멀리 웅크리고 앉아 있는 게 보인다. 지나간 시간이 추억만이 아닌, 외로운 시간으로 남아 있는 아이다. 그렇다고 내가 먼저 다가가기에는 나 역시 상처가 깊어 움직일 수가 없어 안타깝기만 하다. 이런 상황의 중복이 반복될수록 누군가의 아픔을 보듬을 수 있는 감각은 무뎌진다. 그래서 사람들은 섣불리 서로의 상처를 치유하려고 하는 오류를 범하려 하지 않는 것 아닐까. 그렇게 상처가 깊어지는 줄도 모르면서 말이다.

#10

잊어 가는 꿈 바로 쓰기

~

꿈을 하나쯤 가져야만 했다. 꿈 하나 없는 아이는 성장 가능성이 막힌 듯한 문제아로 여기던 시절이었기 때문이다. 그때는 "꿈이 뭐야?" 또는 "커서 어떤 사람이 되고 싶어?"와 같은 생각지도 못한 미래에 대한 계획을 묻는 어른들의 압박을 이겨내기란 쉽지 않았다. 그래서 꼭 하나의 대답은 마련해둬야 했다.

그렇게 하나쯤은 만들어야 하는 내 미래에 관한 '꿈'이 과연 내 꿈이었을까. 아니면 어른들이 미리 밑그림을 그려 넣어 나를 투영한 걸 과연 꿈이라고 할 수 있을까. 아련하기만 하다. 기억이 흐릿하다. 꾸어왔던 그것이 과연 무엇이었는지 희미하다.

어린 시절에 나는 평범한 회사원이 되고 싶었다. 하얀 와이셔츠를 입고 넥타이를 맨 직장인이 꿈이었다. TV 드라마에서 자주 나오는 풍경이어서 그랬을지도 모른다. 생각이 넓지 않아, 눈에 보이는 그걸 끄집어낸 것뿐이었다. 월급날 집 앞 치킨집에서 바삭하게 튀겨낸 닭 한 마리를 들고, 현관문을 열고 들어가는 아버지의 모습이 그렇게 행복해 보일 수가 없었나 보다. 아이들이 뛰어오며 치킨 봉지를 받아 들고, 아빠는 자신감 넘치는 모습으로 흐뭇해하는 게 인상 깊었다.

나와는 다르게 대부분의 친구들은 선생님, 의사, 변호사 등 다양한 직업군을 자신의 꿈이라고 발표하곤 했다. 언제부터 직업으로 무엇이 되고 싶다고 말하는 걸 꿈이라고 부르기 시작한 걸까. 직업 선택의 기준을 정하는 게 과연 꿈이라고 말할 수 있는지, 지금 생각해 보면 우리는 성장의 길목에서 꿈의 기준을 잘못 강요받은 게 아닐까.

한때 노랫말에 가장 많이 들어가 있던 단어 중 하나였던 꿈, 지난 시간의 추억으로만 남겨진 걸까. 마음속 깊은 곳에 숨겨져 있는 꿈을 꺼내 쓸 수 있다면 얼마나 좋을까. 쉽지가 않아 안타깝기만 하다. 되돌리고 싶고, 기억을 반짝이게 하고 싶다. 그 모든 것들이 남겨져야 한다면, 지워져 가는 꿈도 추억속에 담겨질 수 있으려나.

어느 순간부터 가족의 행복을 희망하는 그 시절이 온데간데없고, 이제는 지폐에서 나오는 화학약품 냄새만큼이나 독하게 세상을 살아가고 있는 내 모습이 불쌍해 보일 때가 있다. 꿈을 좇아 보지도 못하고, 그저 경제적 풍요로움에만 매몰된 내 모습이 불편한 이유다. 요즘같이 건조한 일상에서, 그 시절을 돌아보면서 느끼는 이 아쉬움은 꿈에 대한 해석이 달라져서가 아닐까.

때로는 무엇이든 상관없으니 꿈을 꾸라고 말한다. 막연한 꿈도 꿈이라고 부를 수는 있겠지만, 아이의 두뇌 발달에 목표를 짜서 이뤄야만 한다는, 어쩌면 성공을 위한 줄다리기에 참여하라는 형식을 꿈이라는 보기 좋은 표현으로 강요했는지도 모르겠다. 해야 한다는 의무가 커진다면, 그 힘이 외부에서 오는 것이라면 그것은 강제라고 나는 생각한다.

그렇게 어른이 되어서는 어떨까. 과연 어릴 적 모습이 남아 있기는 했는지, 아련한 두뇌를 자극해 보지만 튀어나오는 것은 이루고 싶은 욕망의 목표와 같은 경직되고 풀냄새 사라진 건조한 문제만이 남겨진다. "고양이를 예뻐하는 사람이 되는 게 꿈이에요"라고 말할 수 있다면 조금은 편하겠다. 무엇이 꿈이라는 녀석을 소환하게 하여 사람을 자극하는 걸까. 무엇이 다르기에 그토록 갈망하고, 또 사람에게 희망하는 걸까.

다소 복잡한 게 꿈이라고. 그래도 분명한 것은 꿈을 꾸는 사람은 언제나 아름답다. 따뜻하고, 아련하고, 또 움직이게 만드는 동력이 그 속에 숨어 있다. 꿈을 꾸는 것 하나만으로도 하루의 표정은 달라진다고 한다. 그것은 이루어내고 쟁취하는, 산 정상에 올라 그 찬란함에 취하고 마는 등산과는 다르다. 꿈을 목표로 삼는 사람과 꿈을 꾸고 있는 사람의 모습은 그렇게 달라진다. 그게 무엇이든 간에.

#11

얘들아, 집에 가고 싶다

~

자신의 삶을 의지해 주던 기반이 허무하게 무너질 때 두려움을 느낀다. 어머니가 돌아가셨을 때 아버지의 나이는 50대였다. 앞으로 살아갈 날에 대한 두려움과, 어머니의 빈자리로 힘들어 했으리라. 그렇게 상실감을 맛보며 남은 인생을 살아가려니 얼마나 힘든 생이었을까. 행복한 가정을 이루었지만 한순간 무너지는 상황 속에서 공허함은 빈집이 더 낡고 무너지기 십상인 것처럼 금세 힘을 잃어간다.

2009년 초여름, 나는 일생 중에서 가장 처절한 소리로 울고 있었다. 아버지도 어머니를 따라 하늘나라에 가셨기 때문이다. 그 모습만이 잘 표구된 흑백사진처럼 내 머릿속에 아직도 남아 있다.

어머니가 돌아가신 후 가세가 기울고, 삶의 희망이 무너진 탓이었을까. 노래를 즐겨 부르던 아버지는 조용해지셨다고 한다. 강했던 육체는 약해졌고, 갑자기 쓰러져 병원에 입원하기도 하셨다. 그렇게 아버지는 이 떫은 인생의 맛을 조용히 삼켰나 보다.

아버지의 약해진 간은 제 역할이 무뎌지고, 혈관들이 터져 병원에 입원하셨다. 아버지는 수술로 간신히 버티고 계셨다. 터진 혈관의 새까만 핏덩이들이 항문으로 나왔고, 나와 형은 그것을 받아냈다. 사실 이런 일이 몇 차례 있었던지라 별다른 감정은 없었다. 그날 통증을 완화하는 약 때문일까, 아버지는 정신이 혼미한 상태로 말씀하셨다.
"애들아, 홍성에 가고 싶다. 집에 가자."

정신이 들어오기 시작한 아버지는 몇 번을 더 힘든 입술로 말했다. 누나들은 어쩔 줄 몰라 떨리는 목소리로 어떻게 해야 하냐며 나에게 소리치며 울었다. 조금도 침착하기 힘들었지만, 형은 누가 죽기라도 했느냐며 누나들을 다그쳤다. 아버지의 결정에 한 번도 토를 달거나 이의를 제기해 본 적 없는 누나와 형은 급하게 준비하기 시작했다.

주의사항을 빠짐없이 체크하고, 앰뷸런스에 아버지를 모시고 홍성을 향해 달렸다. 우리는 지역에서 가장 크다는 도립병원 중환자실로 바로 들어갔다. 그 소식을 들은 집안 가족들과 친분이 있는 이웃들이 병문안을 왔고, 조용히 인사했다. 그리고 그날 밤 자정 무렵 아버지는 평온한 모습으로 생을 마감하셨다.

'홍성'은 아버지의 고향이었고, 어머니와 함께 사셨던 곳이다. 죽을 때를 알고 있는 코끼리가 가족들이 잠자고 있는 계곡으로 홀로 가서 죽는다는 말이 떠올랐다. 아버지도 선조 대대로 살아오던 그곳에서 생을 마감하고 싶었으리라.

3일장을 치르고, 장지인 선산에 이르러 나는 알 수 없는 망막함으로, 정신을 바로잡을 수 없었다. 체력적으로 힘들어서 그랬던 것만은 아니었다. 이미 아버지보다 앞서 묻혀 있던 어머니의 묘가 막내 외삼촌의 손으로 파내어졌기 때문인지도 모른다.

"처남, 나중에 나 죽거든 자네 누나가 누워 있는 묘를 파낸 후 그 옆에 나를 묻어 주게나. 자네 손으로 부탁하네."

아버지가 오래 전부터 처남인 막내 외삼촌에게 신신당부했다고 한다. 그렇게 엄마의 무덤은 막내 외삼촌과 몇몇의 인부들에 의해서 조심스럽게 파내어졌고, 하얀 수의를 입은 엄마를 다시 보게 되었다. 주체할 수 없었다. 나는 바닥에 털썩 주저앉아 알 수 없는 이끌림으로 '엄마, 엄마'를 수없이 중얼거리며 울었다.

엄마에 대한 기억과 그 따뜻함을 기리워하며 지내왔다. 그날 엄마가 달려와 나를 꼭 껴안고 미안하다고 말하는 것만 같았다. 기억은 흐릿하지만 항상 그 자리에 있었던 것처럼 말이다.

힘들 때 어디론가 돌아가고 싶어도 돌아가지 못하는 사람이 얼마나 많을까. 그날 아버지는 돌아갈 수 있었다는 것에 행복해 하셨을까. 고향에 가고 싶다는 아버지의 말과, 흑백사진 속의 어머니의 존재는 내가 어른으로 성장하고 가정을 꾸려 나가면서 가슴속에 따뜻하게 묻을 수 있었다. 이제는 놓아드려야겠다.

"아버지, 어머니 평온히 잠드세요."
칠월 칠석 견우와 직녀가 만나는 날 두 분도 하늘에서 만났겠지.

#12

힘들어도 일어설 수 있다면

~

지친 마음으로 하루하루 버티는 나에게 어쭙잖은 위로의 말로, 그리고 도움으로 내 존재의 가치를 떨어트리는 건 나를 더 힘들게 만든다. 그때는 친구나 동료의 도움이 필요한 게 아니고, 그저 지켜봐 주는 것만으로 큰 힘이 되기도 한다. 그렇게 주제넘는 동정은 누군가를 돕지 못할 수도 있기 때문이다.

〈장애인수영연맹〉이라는 단체에서 대외 협력이사로 봉사하고 있다. 그러다 보니 다양한 사연을 품은 장애인과 가족들을 만나게 된다. 존경스럽기도 하지만, 한편으로 누군가의 기준에는 정상적인 몸을 가지고 있다는 것 자체만으로 미안한 마음이 들기도 한다. 그 미안함이 어쩌면 동정일 수 있다고, 그렇게 시작된다는 걸 모른 채 측은한 마음으로 누군가를 바라보는 경우가 많다. 그렇게 또 하나의 오류를 발견한다.

장애가 있다고 해서 행복의 모양도 장애가 있는 것은 아니다. 생활하기에도 힘든 몸으로 운동하면서, 선수로서 누군가와 경쟁하는 그들의 모습에는 항상 힘이 넘쳐난다. 오히려 한계를 극복하며 어려움을 이겨내는 얼굴에는 행복이 묻어 있다. 주저앉았지만 다시 일어설 수 있었다는 것에 대한 만족감일까.

한 코치는 말했다.
"상권씨, 우리들이 이렇게 선수 생활을 할 수 있는 이유는 모든 걸 받아들였기 때문이에요. 그렇지 않았으면 진작에 쓰러졌을 겁니다."

그들과 함께하는 시간이 늘어날수록 그 행복의 비결을 쉽게 찾을 수 있었다. 힘든 사람에게 힘내라고 하는 것과 우울한 사람에게 밝게 살라는 것이 때로는 무례하고 잘못된 것처럼, 대부분 어려움을 딛고 일어선 사람은 그 상황을 인정하고 받아들였다는 것이다.

그러고 보니 요즘에는 보이는 장애보다 보이지 않는 장애에 관한 사회의 관심이 깊은 것 같다. 바쁜 현실에 치여 살다 보니 먹는 것뿐만 아니라, 건강한 정신을 유지하는 것조차도 힘든 게 사실이다. 그래서 사람들은 마음의 안정을 위해 많은 고민을 한다. 좋은 음악을 듣고, 심리와 관련된 책을 찾아 읽고, 현재의 정신을 올바르게 유지하기 위해 부단히도 노력한다.

그렇다고 모든 이들의 마음이 항상 평온한 것은 아니다. 자신은 아니라고 해도 다른 사람이 보면 쉬는 게 답인 사람들이 많다. 가끔은 응원의 한마디가 사람들의 마음을 움직여 힘들지 않은 하루를 보낼 수도 있다. 그럴 수만 있다면 좋은 이야기만 녹음해서 '힘내세요'라는 말을 하루에도 수백 번 들어볼 텐데. 그래서 자꾸 힘내라고 말할 때는 신중해야 한다.

힘들다고 말할 수 있고 어려워도 일어설 수 있는 힘만 있다면, 눈에 보이는 장애는 그저 내 눈의 비정상을 확인하는 것일 수 있다. 굳이 깊이 생각할 필요가 없는 기본적인 문제다. 코치가 말한 것처럼 때로는 받아들이면 모든 게 편안해진다는 것이다. 사람에게 지친 내 마음을 인정하고 살아가는 것, 어쩌면 그게 내 인생의 회복을 도울 수 있는 지름길이라고.

한 번의 인정하는 태도가 새로운 기분으로 나를 이끌어 줄 수 있다는 걸 모르는 사람은 없지만, 정작 실행하는 사람은 극히 드물다. 모든 걸 받아들이고 인정할 수 있다면 얼마나 좋을까. 힘들어도, 아프더라도, 조금 불편하더라도, 지금의 상황이 나에게 최선이라는 걸 알 수만 있다면 그게 바로 행복일 테니까.

#13

단지 나로 살고 싶었을 뿐

~

사진을 찍을 때는 액자에 맞춰서 찍을 수가 없다. 풍경과 그림에 따라서 액자를 맞춰 넣는 것이니, 사진이라는 주인공의 자유로움을 액자의 틀에 한정할 수 없기 때문이다. 인물 사진이든 풍경 사진이든 간에 사진이 주는 감각에 따라서 액자의 형태가 달라지는 이유다. 액자는 그렇게 만들어진다.

한때는 방황했고, 낙제생에, 사업해서 전 재산 말아먹고, 회사를 다닌다지만 수입은 그리 많지도 않고, 글을 쓰고 있지만 대단한 베스트셀러가 되지도 못했다. 사람과의 관계는 갈수록 어려워지고, 누군가의 기준에는 성공하지 못한 그저 그런 한 사람의 뒷모습만 그려진다. 그래도 한 가정을 꾸리고, 주말이면 삼겹살 파티를 할 수 있는 정도의 행복은 누리고 살아가고 있다는 건 다행이다. 완벽한 성공이 없다고 한다면 지금 누리고 있는 일상이 행복임을 배워가고 있는 정도의 삶이다.

돋보이지 않아서일까. 그런 나를 무시하는 사람이 늘어나는 것만 같다. 성공하고 싶은 욕심이 크지 않은 나는, 대중과 소통하는 사람이 되고 싶을 뿐인데 말이다. 그러다 보니 계산적이지 못하고, 이유 없이 말하기보다는 들어주는 일상이 많아졌다. 화려한 언변으로 자신을 멋지게 포장하는 사람, 특히 많은 재산이 있음을 보여주고자 하는 사람으로부터 가진 자와 없는 자가 구분되는 듯하다. 그렇게 사람들의 생각은 행동과 말투로 표현된다.

굉장히 기분이 상하지만 평정심을 찾아야만 하는 내가 더욱 힘들다. 가끔은 처량해지기도 하고, 축 처진 어깨에 한없이 작아지는 내 모습을 볼 때도 있다. 사람으로부터 오는 좌절감이라고 해야 할까. 아니 소외감일 수도 있는 이 감정을 이겨내기가 힘들기 때문이다. 이런 마음이 드는 내가 이상한 걸까. 그런 사람과 집단으로부터 적당한 거리를 두면 좋겠지만, 사람을 멀리한다는 건 또 다른 두려움인 것 같다.

삶이 힘들어도 인생의 자세만큼은 한결 같고 싶은데, 세상은 내가 그들의 기준과 잣대에 맞춰야 한다고 강요하는 듯하다. 그게 싫을 뿐이다. 나는 그저 나로 살고 싶을 뿐인데, 그것으로만 인정받아도 괜찮은데, 비슷한 틀 속에 나라는 객체를 압박해온다. 외부에서 불어오는 바람이 나를 심하게 흔들지라도 나는 흔들리고 싶지도, 그렇다고 멈춰 서고 싶지도 않은데 말이다.

친구는 "야, 너답지 않게 왜 이렇게 구질거리는 거야"라고 말한다. 좋은 아이디어로 사업을 크게 성공시켜 놨지만, 성공의 평가는 윗사람이 다 가져가는 형국을 보면서 나도 힘들었기 때문이다. 사촌이 땅을 사면 배가 아프다는 속담에서 배가 아픈 수준을 넘어서는 고통이라고 해야 할까.

요즘처럼 나답게 살아가기 힘든 적은 없지 않았을까. 그 뜻이 어찌되었건 간에 나답게 산다는 것이 내가 하고 싶은 것을 마음대로 하면서 살고자 하는 욕심으로만 볼 순 없다. 정형화된 틀 속에 갇힌다는 얘기가 아닌, 나를 존재하게 할 그런 욕심 섞인 희망이기도 하다. 그저 내가 원하는 삶도, 신념도, 무엇인지 모른 채 태평양에 표류하는 플라스틱 병이 되고 싶지는 않을 뿐이다.

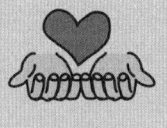

관계

#1

혼자 있고 싶지만, 혼자는 싫을 때

~

사회적 동물인 인간은 힘들어도 집단 안에서 조화를 이루고 상호 보완을 해나가며 살아간다. 그만큼 혼자의 존재만으로 보편적인 사회생활을 할 수 없는 게 우리들이다. 사람과의 관계, 아마 그 안에 있는 이는 모두가 비슷한 생각으로 고민하고 있을지도 모른다. 그렇게 사랑을 나눌 수도 있고, 불안함에 긴장할 수도 있다. 무엇보다 서로가 생각을 맞추어 볼 수 있으니, 때로는 물리적 충돌이 아닌 마음에서 오는 상처를 받을 수도 있다. 이것이 인간을 성장시키는 원동력이자 살아갈 이유일지도 모르지만 말이다.

그런 우리들도 가끔은 혼자 있고 싶을 때가 있다. 하루의 짓눌림에 처진 어깨를 두고 혼자만의 시간을 원하는 게 우리의 또 다른 마음이기도 하다. 단체 톡에 오랜만에 회심의 한 마디를 남겼는데 아무도 호응해 주지 않을 때, 나는 내 편이라고 생각하며 마음을 써왔는데 알고 보니 그 친구는 나에 대해 단순히 아는 정도의 사이라고 말하는 걸 또 다른 사람에게서 전해 들었을 때, 믿었던 사람이 쉽게 변하는 모습을 보면서 지친 마음이 나를 혼자 있게 만들기도 한다.

사람에게 치여서, 그리고 진심을 다해도 상처받는 사람은 나뿐일지라도, 혼자 있고 싶지만 혼자가 되고 싶지는 않다. 외로움이 얼마나 지치는 일인지 알고 있어서 그렇다. 잠시 거리를 두고 쉬고 싶을 뿐이지, 외톨이가 되고 싶지는 않으니 말이다. 요즘 유행하는 자발적 외톨이가 아닌 이상, 사실 나는 혼자되는 게 무섭고 두렵다. 그래서 유독 자신의 존재감을 드러내려 오만 가지로 포장하지만 정작 사람들은 나의 부자연스러움에 쉽게 접근하지 못하고, 나는 지쳐 버리기도 한다.

한없이 달리다가 멈춰 서 있다.
뒤를 돌아보니 한 무리,
앞을 쳐다보니 수많은 무리,

그런데 옆을 쳐다보니 아무도 없다.

그래도 괜찮다.

나만 괜찮다고 생각하면 아무도 모를 테니.

젊은 사업가 김동현 대표는 카톡에 이런 말을 남겼다. 이 말에 담긴 게 과연 외로움인가, 쓸쓸함인가. 명확하고 짧은 단어 몇 개로 묘사하기 힘든 찬바람이 가슴에 내리 꽂히는 외로움은 헤어나오기 어려운 삶의 나락이다. 지치지 않고 싶다고 혼자 다짐하고 되뇌지만, 그게 쉽게 될리는 만무하다. 그게 오늘의 나라면, 모든 걸 벗어던지고 싶지 않은가. 그 외로움은 쓸쓸함이기 때문이다.

머뭇거리는 사람과, 뒤에서 내 얘기를 하는 사람의 존재를 알아가는 나는 이제 힘에 부칠 정도로 상처를 회복하기 힘들다. 가끔 생각해 보지만, 아마 상대도 그렇게 생각할지 모른다고. 그런 거리감은 서로를 더 멀리 떨어트리게 하는데, 그렇게 나쁜 것만은 아니다. 사람과의 관계는 적당한 거리도 필요하기 때문이다. 그 속에서 정작 나와 맞는 사람은 남게 되고, 내 상처를 스스로 치유할 수 있는 자생력을 키울 수 있다.

그러니 사람아, 혼자 있고 싶다고 해서 혼자가 되지는 말자. 사람에게서 받은 상처가 아물지도 않았는데 혼자 남아 흉터를 돌보지 못하는 건, 상처 위에 소금이 붙는 것 같은 고통이 뒤따르기 때문이다. 치유할 수 없다면 자연히 회복될 시간을 기다리는 것도 필요하다. 혼자의 힘이 부친다면, 그동안 상처 속에서 얻은 몇 명에게 도움을 요청하는 방법도 생각해볼 만하다. 다만, 새로운 누군가를 찾아 상처를 보듬으려 하지는 않기를, 또다시 혼자 있고 싶어질지도 모르니까.

#2

관계는 극복이 아니라 잊는 것

~

누군가 나를 뒤에서 흔들 때 나도 함께 흔들려서는 안 된다. 내가 잘 하건 못하건 간에 그 사람은 언제든지 사람을 부정하는 이야기로 자신의 부족함을 채워 나가고 있는 것이니, 그냥 내버려두는 게 나를 위한 최선의 방법일 수 있다. 나를 욕한다고 해서 나도 그 사람을 욕하고 헐뜯으며 저급한 사람이 되기를 바라는 건 상대가 원하는 바이기도 하다. 취약한 부분은 자기중심이라는 걸 알고 있는 사람이다. 그러니 누군가가 원하는 대로 흔들려서도, 생각을 깊게 할 필요도 없다.

알고 보면 관계는 늘 한쪽의 필요에 의해서 연결 지을 수 있다는 걸 알게 된다. 그게 모든 사람이 그렇다면, 서로를 향한 인정욕구는 존중의 형태를 빗댄 일종의 요구 사항일 수도 있다. 그러나 인간의 심리적 불안과 원인은 우리가 18세 때 느껴야만 했던 무조건적인 존중의 형태가 될 수는 없지 않은가. 그러니 아까운 시간까지 들여 남에게 나를 증명하려고 애쓰지 말자.

살다 보면 사람들과의 마찰은 피할 수 없다. 중요한 것은 어떻게 그 마찰력을 줄이고 빈도 수를 줄여 자존감을 지켜나갈 수 있을까인데, 그게 나의 하루를 버티게 하는 일종의 버팀목이 될 수 있다. 버팀목은 나를 안정감 있게 중심을 잡도록 해주니 나에게는 필요 불가결의 선택지이자 소유물이 되어야 한다. 자기 중심을 가지고 안정이 자리잡혀 갈 때 관계에서도 진전된 흐름을 유지할 수 있지 않을까.

인정 욕구는 하나의 기본적인 인간 사고라고 볼 수 있다. 인정받고자 하는 나와 나를 인정하지 않는 주변 인물들과의 충돌이 그것을 말해준다. 굳이 인정받아야 한다는 내적 감정의 분출은 어쩌면 또 다른 실수의 양산으로 이어질 수도 있으니, 그것을 피해야 하는 게 내가 할 수 있는 가장 좋은 방법이 될 수 있다. 즉, 실수가 두려워 실수를 더 하게 되는 흐름은 벗어나야 한다는 것이다. 남에게 내 가치를 증명하려 하지 않을 당당함은, 그래서 귀한 대접을 받는 게 아니겠는가.

안정된 심리 상태는 자신이 가진 재능과 능력을 한껏 끌어올리게 하는 중요한 요소가 된다. 그런데 왜 우리는 그렇지 못하고, 작은 일에도 혈압지수의 편차를 늘리는 걸까. 최근에 여러 가지 민원을 처리하다 보니, 그들로부터 날아오는 요구가 겹겹이 쌓이면서 나의 심리적 거부 현상이 작동하는 것 같다. 예를 들어 누군가가 나를 지적하고 자극하면 인정하고 실수 없이 일을 하겠다는 정화의 과정을 피하게 되며, 강력하게 방어기제가 발동한다.

내 잘못을 인정하지 못하고, 결국 수많은 핑곗거리와 회피성 발언으로 다른 이로 하여금 또 다른 신뢰의 붕괴로 이어가 사람과의 관계가 악화 일로에 놓이게 하는 것이다. 마치 요즘 내 사회생활의 일부가 되어버린 듯하다. 그게 아플 정도로 싫지만 그렇다. 사람과의 관계, 특히 내 실수의 작은 틈을 찾아내어 할퀴고 상처를 준다면 나는 어쩌란 말인가.

나를 흔들려고 할수록 내 중심을 잡을 수 있어야 한다. 사람은 변수가 바뀌면 모든 게 바뀌듯, 중심을 잃으면 심하게 흔들리고 걷잡을 수 없는 지경에 이른다. 그렇게 누군가의 험담에 의해서 다시금 바뀔 게 아니면서도 그렇다. 흔들리지 않는 중심을 잡을 수만 있다면 관계는 쉽게 풀어낼 수 있을 텐데 말이다. 이렇게 마음을 먹고 귀를 닫으며 나의 길을 가다 보면 차츰 어려웠던 일들은 잊히기도 한다. 그런 게 아닐까. 그렇게 사람과의 문제는 극복하는 방법도 있지만 잊혀가는 방법도 있다.

#3

진심은 진실된 사람에게만 투자하면 된다

~

테이블 위에 내가 펴낸 첫 번째 책이 놓여 있다. 부끄럽지만 《무엇이 당신을 움직이게 만드는가》라는 제목에 '전교 꼴찌가 청와대까지 갈 수 있었던 능력의 비밀'이라는 부제를 붙였다. 나름 살아오면서 연구해온 성장 공식을 써 내려가면서 내 삶의 일부를 공개하며 독자들과 소통하려고 노력했다. 물론 힘쓴 만큼의 사랑을 받지 못했지만 말이다. 그래도 사랑과 열정을 한껏 담은 그 책에서 한 가지 담아볼 만한 글귀를 소개한다.

"진심 없는 인간관계는 모래성과 같다. 인간관계는 모래성이 될 수도 있고 평생의 친구로 자리 잡을 수도 있다. 그렇게 만드는 것은 한 끗 차이다. 사람을 진심으로 대할 수 있는 자세와 장기전으로 갈 수 있는 인내심이 필요하다. 과연 인맥과 인간관계의 구분이 어디에서 시작되는 것일까. 카톡에 연결된 많은 사람을 보며 행복해하는 것일까. 아니면 저녁 술자리에 함께할 전화 한 통이면 불러낼 수 있는 사람의 숫자가 나의 인간관계를 보여주는 평가표가 되는 것일까. 자신도 그렇게 인간관계를 가지며 서로서로 품앗이하는 것일 뿐, 내가 말하는 진정한 관계는 될 수는 없다.

권남희 번역가의 저서 《귀찮지만 행복해 볼까》에는 좋은 구절이 있다. '제일 구려 보이는 사람은 인맥이 없는 사람이 아니라, 인맥이 넓다고 떠들어 대는 사람이다.' 동감이 되면서도 또 한편으로는 내 얘기를 하는 것 같아 피부가 쪼그라든다. 온갖 좋은 말로 사람을 현혹하는 사람 대부분의 공통점 하나가 있다. 인맥에 목메는 사람이다. 나는 그런 사람이 나쁘다고 말하는 것이 아니다. 다만 나는 그 사람의 인맥 수첩 안에서 활용되고 있다는 것에 따뜻함을 느끼지 못하는 것뿐이다."

지역 봉사활동을 하다가 만난 지인과 주말 커피 한잔을 위해 구석진 커피숍에 마주 앉았다. 평소 말수가 적던 지인은 그동안 쌓아 놨던 보따리를 풀어놓듯 말을 시작했다. "그 인간이 그럴 줄 몰랐어. 내가 잘해 준 게 후회돼서 잠을 잘 수가 없단 말이야"라고 분노의 몸짓으로 침 튀기며 열변을 토했다. "마음을 다한다고 생각했는데, 알고 보니까 나를 무시하는 거야"라고 말하는 지인에게 내가 할 수 있는 건 맞장구를 쳐주는 것뿐이었다.
"다시는 먼저 잘해 주지 않을 거야."
"아니, 무슨 일이기에 그러는 건데요?"

호의라고 생각해서 모든 걸 해줬는데, 결국 돌아온 건 냉담이었다고 한다. 냉담은 다른 말로 모른 척했다는 말이기도 하다. 하나라도 더 챙겨주고자 했던 지인의 진심을 하수구에 쓰레기 버리듯 행동했다는 것이다. 결국 전화도 안 받으며, 호의를 배신으로 퉁치려는 행동을 한 모양이다. 왜 이런 일이 발생할까 생각해 보면, 내 지인의 잘못도 나름 크다고 생각한다. 자신의 호의는 스스로 결정한 움직임의 물적 양일 텐데, 그것을 결정한 것과 행동한 사람은 순전히 지인 그 자신이었으니 말이다.

내 생각과는 다르게 상대가 그것을 원하지 않을 수 있다는 원칙을 조금이라도 생각해 본다면 이 일은 쉽게 해석할 수 있다. 내 마음과는 다르게 받는 사람의 입장에서 발생하는 오해가 많기 때문이다. 사실 호의는 상대방의 필요와 의사가 동반되지 않으면 본인의 욕심일 뿐이다. 그러니 내 진심을 받아들일 수 있는 진실된 사람에게만 마음을 다하면 된다.

#4

간편할수록 오래가는 관계

~

관계에서 오는 공허함은 인간이 풀어야 할 평생의 숙제일지 모른다. 심리학자들의 한결같은 이야기는, 사람이 받는 혼란의 대부분은 또 다른 사람에게서 오는 인간관계로부터 시작한다는 것이다. 힘들다고 포기하기 쉬운 것도 인간관계다. 모든 사람에게 좋은 사람으로 남고 싶은 만큼, 모든 사람을 좋아하려고 하지만 그것만큼 어려운 것도 없다.

나를 위하는 척하지만 얻을 게 있어서 그렇다는 걸, 내 편인 척하지만 알고 보면 그렇지 않은 경우를 보게 된다. 알면 알수록 고민은 깊어만 가는 게 우리다. 생각해 보면 하나쯤 잊어도 되는 사람 때문에 고민할 이유는 없는데도 그렇다. 그렇게 쌓여 가는 상처는 깊어 가기 때문이다. 그래서 관계의 힘을 빼고, 자신의 이야기를 들어줄 수 있는 진정한 한 사람을 찾는 능력은 부럽기만 하다.

무너질 수 있는 탑을 바라보는 것만으로도 지친다. 그럴 때일수록 고개를 돌릴 수 있어야 한다. 그게 우리가 힘내서 관계를 유지하고, 때로는 무너진 걸 복원하게 하는 작은 힘이기 때문이다. 가슴이 아프더라도 조금만 버텨낸다면 새로운 희망을 보게 된다. 그게 사람과의 아픔이라도 다르게 발현되지는 않을 것이다. 완벽한 관계가 없다는 것을 받아들이는 게 참 힘들지만 그렇다.

이럴 때일수록 열 명에게서 사랑을 얻으려 하지 말고, 한 사람과 진정한 사랑을 나누어야 한다. 한두 명 놓친다고 해서 인생에 문제가 생기거나 망가지지 않는다. 때로는 지금 이 순간, 이 사람과의 관계를 놓치면 어쩌나 하는 걱정을 하는데 어쩌면 욕심일 수도 있다. 속절없이 나에 대한 칭찬을 하는 듯하지만, 알고 보면 목적이 있는 부드러움은 실망을 남기는 것과도 같다.

사람과의 관계에서 멀어진다는 것에 두려움을 느끼는 게 우리다. 어쩌면 사회적 동물이니 당연할 수도 있는 기본적인 두려움일 수 있다. 친한 줄 알았는데 나만 빼놓고 자기들끼리 어울리는 사진이 SNS에 올라올 때의 아쉬움, 관계에서 낙오되는 것이 아닌지 불안하다. 누군가의 모임에 내가 배제될 때 나의 자존감은 바닥에 떨어지고 만다.

마음이 여린 사람일수록 관계의 확장을 고민하는데, 과장된 크기만큼 상처도 크다. 그럴 때마다 많은 사람을 품으려 애쓰지 말고, 좋은 사람으로 남으려 포장하지 말자. 내가 완벽하지 않은 것처럼 완벽한 사람은 찾을 필요도 없다. 시간이 지나면 자연스럽게 좋은 사람만 남게 된다. 넘치는 사람과의 관계에서 이제는 간편한 관계를 추구해야 하는 이유다. 인간관계의 크기를 줄이다 보면 내 곁에 남을 사람과 그렇지 않은 사람을 구분할 수 있다.

오늘도 관계의 바다를 헤매며 지친 하루를 보낼 것인가, 아니면 즐거움을 나눌 누군가와 함께할 것인가. 어려운 명제는 아니지만 그렇다고 쉽게 답을 찾지 못하는 나를 발견한다. 세상의 변하지 않는 인간관계와 관련한 진리 중, 우리 삶에 와닿는 것은 무엇일까. 분명한 것은, 많은 사람과의 관계에서 오는 아픔을 견디는 것보다, 한 명에게서 오는 아픔이 그나마 견딜 만하다는 것이다.

#5

상처를 준 사람은 없고, 받은 사람만 있다

~

작은 것 하나에도 상처받고 움츠러드는 내가 싫을 때가 있다. 다른 사람 같으면 웃어넘기고 새로운 마음으로 시작하겠지만, 나는 그게 잘 안 되어 더 힘들다. 하지만 나는 상처를 받기만 했을까? 나뿐만 아니라, 많은 사람들은 자기 마음만 다쳤다고 착각한다. 이상하게도 상처를 받기는 했지만, 상처를 줬다는 사람을 찾기가 힘든 이유는 무엇일까.

나의 말실수가 상대에게 어떤 상처를 주고 있는지 알 수 없다면, 그저 경청하는 게 필요하다. 대화의 기본이 말하고 듣고 공감하는 것이라면, 관계의 확장 영역에서는 들어주고 이해해 주는 건 필수 사항인 것처럼 말이다. 그러나 사람이 듣기만 한다는 게 정말 어렵지 않은가. 자신의 말만 하고, 상대를 이해시키려 하는 행동은 어쩔 수 없는 욕심이다.

욕심이 아니더라도, 결국 나를 중심으로 펼쳐 놓은 이야기는 상대의 아픔을 더 자극하기도 한다. 사실 마음이 아픈 이유는 상처가 있어서 그렇다. 김수현 작가는 책에서 "정신과 의사에게 정작 치료받아야 하는 사람은 안 오고, 그 사람에게 상처받은 사람들만 병원에 온다"라고 말했다.

정상적인 사람일수록 상처받을 확률은 높다. 본인 이야기를 오랫동안 하다 보면 자연스럽게 자신의 잘못을 말하기보다는 정당성을 주장하기에 바쁘기 때문이다. "미안합니다"라고 시작하지만 "하지만"으로 사과의 말을 끝내는 사람은, 결국 자신이 원하는 이야기만 하고 싶다는 말이다. "미안한 건 맞지만, 그럴 수밖에 없었다는 것을 이해해 줘"라고 말하는 그런 뻔뻔함이다.

사과는 알고 보면 사과가 아니고, 듣는 사람의 상처를 덧나게 한다. 관계에서 중심은 당연히 내가 되어야 하지만 내가 상처를 안고 있다면, 다른 누군가도 상처를 품고 있다는 걸 알아야 하지만 잘 안 된다. 사실 아픔과 상처투성이인 사람을 보면 일반적으로 마음이 여린 것 같다. 물론 내 생각이 전부 옳다고 말할 수는 없지만 보통은 그렇다.

자신의 마음을 내어주고 믿음으로 기다리지만 돌아오는 것은 얍삽하고 계산뿐인 경우가 많은데, 마음을 쓴 만큼의 기대 때문일 수도 있다. 문제는 오랫동안 남아 있는 상처다. 많은 사람이 상처를 받지만 유독 상처를 안고 있는 사람은 만성이 되어 버린다. 손목이 시리고 저려서 한 번 병원에 간다고 해서 회복하지 못하는 것처럼 마음의 상처는 더 깊숙이 우리를 지치게 만든다. 내 의사와는 상관없이 이런 고통의 시간을 감내해야 한다면 생각만으로도 지친다. 그래서 상처를 치유하는 것도 중요하지만, 무엇보다도 상처를 받지 않는 게 더 중요한 인생이다. 세상의 전부는 아니지만 내가 경험한 상처를 덜 받기 위한 세 가지 방법이 있다.

1. 너무 많은 걸 해주려 하지 말자. 특히 마음이 여리거나 착한 사람일수록 이 부분이 어려울 수 있다. 내가 무언가를 더 해주면 해주었지, 머릿속으로 할까 말까 고민하지 않기 때문이다. 한없이 해주고 싶은 보호자 본능이 이에 해당한다. 도와주는 것

도 좋지만 옆에서 지켜봐 주는 게 오히려 도움이 될 수 있다.
2. 단호한 거절은 관계의 시작이 될 수 있다. 사람이 부탁을 들어 줄 때는 자신의 한계치를 알고, 적어도 감내 가능한 수준에서 이루어져야 하는 게 일반적이다. 마음의 부채도 없는데, 거절하면 왠지 죄지은 듯하겠지만 지금의 거리를 두는 게 그나마 인간관계를 최소한이나마 유지할 수 있는 길이다.
3. 사람에 대해 기대를 하지 말자. 우리는 가끔 내가 신경을 쓰고 도와준 사람에게 그만큼의 도움을 기대하게 된다. 그러나 모든 사람이 그렇게 호의적이고, 내 생각만큼 나를 신경 써 주지 않는다. 보통의 경우 내가 그 사람에게는 거쳐 가는 하나의 징검다리일 뿐, 나를 크게 생각하지 않는다.

'착하다'는 용어를 정확히 해석할 수는 없지만, 일반적으로 '손해'를 껴안고 사는 사람을 말한다. 사람과의 관계에서 나는 정성을 쏟았지만 알고 보니 상대는 그렇지 않다거나, 모든 사건의 결말을 내 탓으로만 돌리는 그런 여린 마음이다. 물론 생각은 주관적일 수 있다. 분명한 공통점 하나는 우리 모두 상처를 안고 살아간다는 것이다. 그게 얼마만큼의 고통인지 알고 있다면, 이것 하나만이라도 벗어나 살아야 하지 않을까.

#6

잘못된 관계 복구법

~

관계 맺는 건 어렵지 않지만, 유지하는 건 갓난아이가 뒤집기를 단번에 성공하는 것만큼이나 어렵다. 그게 인간관계와 세상의 이치라고 우리는 몸으로 받아들이고 살아왔다. 시작할 때의 자세와 정신력을 그대로 유지하기 힘든 운동경기와 같다고 해야 할까.

그래서 좋은 관계를 유지하기 위해서는 끊임없는 노력이 필요하다. 천진난만하게 시작한 놀이가 시간이 지나면서 지루해지기 시작하듯 사람과의 관계도 점차 묘연해진다. 그래서 흔들리는 관계를 바로 세우기 위해서는 평소 관리가 중요하다.

주위를 보면 사람들과 소통을 잘하고, 누군가와 섞여 잘 어울리는 사람이 있다. 보통 관계를 잘 이끌어 가는 사람이다. 그 반대의 경우는 잘 못하는 사람이라고 할 수 있는데, 어쩌면 틀린 말일 수도 있다. 사람과의 관계는 단지 서툴 뿐이라고, 특별한 기준이 없으니 관계란 잘하고 못하고의 구분이 없다. 그게 사람의 아픔과 상처를 구분하는 본질이 될 수 있다.

나는 감언이설과 미소로 나를 혼란스럽게 하거나, 말 잘하는 사람에게는 조심스럽게 접근한다. 달변가 중에 사기꾼이 많다는 속설을 믿어서 그러는 건 아니지만, 어느 정도 확실한 건 모두가 내 편이 되어서 말해주지 않는다는 것이다. 내 앞에서 무언가를 위해 미사여구를 덧붙인 언변에는 그 사람이 얻어내고자 하는 목적이 있기도 하다.

관계와 관련한 다양한 책들은 좋은 관계를 맺고 유지하기 위한 조언을 아끼지 않고 있다. 다만, 내 관계의 늪은 특별히 개선되지 않는 게 문제다. 이처럼 모든 조언이 정답이 될 수 없듯이 자신만의 이야기를 풀어낼 수 있으면 좋겠다. 아픈 사람과의 관계, 선후배와의 관계, 직장 내 관계, 특히 연인과의 관계는 좀처럼 나아질 기미가 보이지 않지만, 노력하면 할수록 개선될 수 있다는 믿음을 잃고 싶지 않다.

요즘 보면 사람들이 똑같은 미소로 다가와 이야기를 풀어놓지만 돌아서면 그게 아닐 때가 많다. 자신의 목적이 있는 경우에만 관계에 최선을 다하는 사람들이다. 머릿속에서 두드린 계산기의 답을 가지고 나와의 관계 형성과 유지를 위한 행동을 해보지만, 그게 전부가 아님을 쉽게 알게 되고, 조금 더 멀리하게 되는 원인이 된다. 그게 관계를 진전시킬 수 없게 만드는 이유인지 모르면서 말이다.

누군가를 향한 나의 마음이 열려 있음을 증명하기도 하지만, 결국 힘들어 하는 사람은 나다. 그런 손해를 줄이려고 상대에 대한 기대치를 한껏 낮추려고 노력하지만, 결국 제자리에 있는 나를 발견한다. 기대치는 그 양에 따라 비례해서 실망을 안겨주기 때문이다. 사람에게 거는 막연한 기대치가 결국 나를 실망하게 만들고, 관계를 이어 나가는 걸림돌이 될 수 있다는 것만큼은 알며 살아가고 싶다.

#7

모호한 태도에서 나오는 관계의 실수

~

문제는 관계에서 오는 실수는 어찌 해볼 도리가 없다는 것이다. 가족처럼 서로의 관계를 정립할 필요가 없다면 쉬운 문제겠지만, 사회에서 만나는 사람과의 어려움은 앞으로도 고민해야 할 가장 큰 숙제이기 때문이다. 가끔은 가까운 사람에게서 겪는 외로움이나 어려움, 그리고 배신감은 나에게 더 깊은 상처를 남기게 된다. 특히 믿었던 사람으로부터 받은 상처는 불신으로 이어져, 불신이 또 다른 불신을 낳는 악순환의 고리를 만든다.

나는 잘하는 것처럼 비춰지지만, 사실 부족한 걸 메우기 위한 몸부림이 큰 소심한 사람이다. 매 순간 생각이 많아 적절한 결정을 하지 못하고, 우유부단함에 스스로 지치는 그런 햄릿형 인간이라고 해야 할까. 생각이 많은 사람은 상대를 헷갈리게 하는 재능을 지니고 있다. 가까운 듯하지만 알고 보면 그렇지 않고, 통하는 줄 알았지만 그게 아니었던 나만의 모호한 태도들이 그렇다. 그래도 잘하는 것 하나가 있다면, 사람과 적당한 거리를 두는 것이다. 물론 거리를 둔다는 이야기가 누군가와 관계를 소홀히 하거나 대충한다는 뜻만은 아니다. 상대에 대한 기대치를 낮춘 상태에서 기름기를 뺀 관계 형성을 말한다.

내가 알기로 사람은 외로움에 취약하다. 그래서 선택하는 것이 누군가를 만나고, 그 사람이 나에게 어떠한 이득이 될까에 대한 기대를 갖게 만드는 게 아닐까. 그런 측면에서 본다면 사람을 만나는 게 인간관계의 기본적 요소라는 걸 알 수 있다. 만남의 이유가 있고, 관계 형성에 목적이 있다면 그게 과연 우리에게 필요한 인간관계의 본모습일까. 다소 아쉬운 면이다.

쉽지 않겠지만, 자신이 형성할 수 있는 관계의 마지노선을 정해 놓는 건 어떨까. 이유를 전제로 하는 관계는 무의식적으로 과장하게 되고, 생각지도 못한 실수를 만들어 내기도 한다. 실수란 그런 거라고. 내 본연의 모습을 감추거나 나를 포장하는 언어와 행동에서 오는 부정적인 영향인가 보다. 마음이 앞서 지금이 아니면 기회가 없을 것 같은 불안함으로 시작하는 관계점은 브레이크 없는 KTX와 같아서 한계를 모르고 직진만 하게 된다.

그렇게 사람과의 관계는 무너지고 저마다의 길로 들어서게 된다. 서로 다른 방향을 바라보는 관계는 유연한 흐름을 상실하게 되고, 나만의 페이스는 놓치게 된다. 매 순간마다 자신의 발걸음을 찾기 위해 진정으로 신경 써야 할 대상과의 관계는 그렇게 소홀해지고 만다. 이런 때일수록 자신이 무엇을 향해 가야 하는지 정확히 알고 있어야 한다. 모호한 태도에서 나오는 포장된 행동은 억지스럽게 마련인데, 사람들은 그것을 빠르게 알아차리기 때문이다. 그런 녹이 슨 로봇의 굳은 관절과 같은 뻣뻣함을 벗어나기 위해서 고민에 몰두하지 않았으면 한다.

#8

흔들리는 내 마음, 더 이상 움직이지 않게

~

"하루를 믿고 또 나 자신을 믿으면 하루를 어떻게 보내도 뜻깊은 일과였을 거야."

신준모 작가는 《어떤 하루》에서 이렇게 말했다. 작가의 말처럼 하루를 보낸 오늘도 내일이라는 새로운 날을 맞이한다. 물론 그렇기는 하다. 다만, 하루를 보냈다고 정리하는 듯 말하기에는 우리의 인생은 너무 짧다. 그만큼 하루가 아쉽기만 하고, 또 빠르게 지나가기 때문일까. 그런 일상의 반복은 어제도 그렇고, 오늘도 그렇게 흘러만 간다.

분명한 것은 누군가의 말처럼 나는 오늘 하루를 보낸 게 아니라,

하루를 쌓아 올렸다는 것에 만족할 수 있다는 것이다. 자는 시간을 제외하면 사람마다 약간의 차이는 있지만 15시간 정도 깨어 있고, 내 의지대로 몸을 움직여 활동을 하고 있지 않은가. 아쉬움 없는 하루가 그것이다. 버스 안에 짝사랑하는 여인이 타 있음에도, 어찌할 바를 몰라 하며 버스를 떠나보내는 그런 시답지 않은 마음이 아니라면 무엇을 보고 아쉬움이라고 말할까.

하루가 만족스럽지는 않지만, 그래도 오늘이라는 기회의 착오에서 오는 경험을 쌓아 올렸으니 충분히 의미 있던 하루였다. 그것이 오늘 내가 보낸 시간의 전부이고, 나를 안정시키는 생각의 전환이다. 다소 반복되는 상황이 나에게 희망을 생존 능력으로 격하시키는 일말의 경험일지라도, 그 일상의 소중함을 절대 잊지 않으려고 한다.

일상의 소중함을 저절로 알 수 있다면, 그게 나를 움직이게 하는 작동법임은 틀림없다. 조금만 더, 그리고 많은 생각을 정리할 수만 있다면 그렇게 해 나가야만 한다. 그렇게 쌓아 올린 나만의 하루가 나를 진정시킬 수 있다는 걸 잊지 않았으면 좋겠다. 그게 지친 내 마음을 움직일 수 있기를 바라면서 말이다.

얼마 전 아내가 해외로 소포를 보내는데, 양이 꽤 되어서 우체국에 함께 간 적이 있다. 우체국 주차장에 차를 대고, 짐을 내려 수레에 옮겨 실었다. 4단까지 쌓인 박스들이 넘어지지 않도록 한쪽 손으로 붙들어야만 했다. 그렇게 창구에 다다라 번호표를 뽑아 들었다. 우리 차례가 되었고, 박스를 창구 위에 있는 저울에 올려놓았다. 그런데 창구 직원이 퉁명스럽게 말하기 시작하는 게 아닌가.

"들어와서 주소를 직접 입력해 주시겠어요? 송장도 붙이세요."

내 귀를 의심할 수밖에 없었다. 창구 안쪽으로 들어가 주소와 내용물이 쓰인 송장을 소포에 직접 붙이라는 것이었는데, 나는 이게 무슨 소리인지 몰라 어리둥절했다. 그 직원은 수북하게 쌓인 박스를 밀고 오는 우리를 처음 봤을 때부터 고개를 숙이고, 자신의 창구 번호표에 불이 들어오지 않기를 바라는 모습이었던 기억이 떠올랐다.

'아, 일이 늘어나서 짜증을 내는구나.' 중간에도 이름과 주소를 직접 타이핑해 달라는 정도였으니, 뭐 이 정도 요구는 할 수 있다고 생각했는지 모르겠다. 아무튼 나는, 바른 말로 천천히 말했다.

"일을 도와 달라면 도와 드릴 텐데요. 그런데 그렇게 말하면 실수하는 것 아니에요?"

내 굵은 목소리에는 짜증이 섞여 있었고, 저쪽 책상에 앉아 있던 지점장은 그 소릴 듣고 쏜살같이 나타나 연신 죄송하다고 하며 일을 도왔다. 우리는 이미 송장 확인을 위해 직원의 컴퓨터를 점거하고 앉아 송장을 소포에 직접 붙이며 직원 노릇을 하고 있었는데, 내가 소리 내어 말하지 않아도 이미 이상한 광경이었던 것이다.

박스를 들고 창구로 갔을 때 직원의 마음 상태는 어땠을까. 오늘도 즐겁게 일한다는 마음이었다면 어땠을까. 본의 아니게 그 창구 직원은 우리에게 일 못하고 불친절한 직원으로 찍혔고, 우리는 그 우체국 직원에 대한 좋지 못한 이미지를 그리게 되었다. 직원은 수북이 쌓인 우리의 박스와 자신 없는 외국어 표기를 해결하기 위해 스스로 더 큰 절망의 굴을 파고 있었던 건 아닐까.

심리학자 조 비테일은 "행동에서는 무엇을 말하느냐가 아니라 어떤 마음이냐에 따라 얻는 것이 달라진다"라고 말했다. 현재의 마음 상태가 비슷한 것들을 끌어당기기 때문에 더 큰 절망을 부르게 된다는 것이다. 고르지 못한 마음 상태는 결국 좋지 못한 행동으로까지 이어지게 만드는 것이다. 그렇게 현재의 내가 느끼는 감정은 또 다른 불안정을 양산해 낸다. 그래서 현재의 마음 상태가 흔들리지 않도록 균형을 잡아야 하는 게 아닐까. 그런 하루는 정말이지 아깝지가 않다.

#9

자존감의 회복 탄성력

~

우리가 젊다고 느끼는 가장 큰 이유 중 하나는, 젊다는 사실이 아니라 '열정'과 '뜨거운 사랑'을 할 수 있는 마음이 있어서라고 한다. 열정도 있고, 뜨거운 사랑을 할 무언가가 있다면 그 사람은 청춘이라는 것이다. 내재되어 있는 건 언제나 자신의 행동으로 나타나게 된다. 움직임에는 기운이 넘치게 되고, 스스로 믿음을 부여하게 되는데 자존감과 깊은 연관이 있다. 그렇게 자존감이라는 것도 인생을 사랑하는 방식의 길목에 있는 게 분명하다.

자존감 하면 가장 먼저 떠오르는 게 초등학교 1학년 때 배운 자전거 타는 모습이다. 이때 처음으로 내가 작아지는 걸 온몸으로 느낄 수 있었고, 다시는 사람들과 만나지 않게 해달라고 기도를 했다. 그 참담했던 상실의 시간은 오랫동안 흑백으로 남게 되었다.

여름방학, 두 발 자전거를 처음 배웠을 때의 일이다. 마당의 흙을 집어 먹으며 뛰어놀던 나는, 옆집 형의 도움으로 자전거를 배웠다. 문제는 자전거가 성인이 타는 큰 자전거였다는 것이다. 집 앞 초등학교 운동장에서 형의 도움으로 가속도가 붙은 자전거는 간신히 중심을 잡고 서 있었는데, 아이의 다리로는 페달을 온전히 밟을 수가 없어 간신히 까딱거려야만 속도를 유지할 수 있었다.

나는 당황했고, 행여나 자전거가 넘어지지 않을까 두려움에 가득 차 있었다. 짧은 다리로 페달을 옮기는 그 모습이 얼마나 우스웠는지, 자전거를 잡아주던 옆집 형은 구경 나온 친구들과 함께 큰 소리로 낄낄거리며 웃기에 바빴다. 그들의 하얀 이빨은 나를 울리기에 충분했다. 그날의 기억이 대중 앞에서 유독 소심한 모습을 갖는 성격으로 바뀌게 했는지 모른다. 그때 "괜찮아", "걱정하지 마"라고 내가 가장 듣고 싶었던 그 한 마디를 들려줄 누군가가 있었다면 얼마나 좋았을까.

보통의 아이들은 자전거 뒤를 잡아주며 "괜찮아"라는 아빠의 응원과 믿음을 등에 업고 희망을 가지고 배우게 된다. 나를 지켜봐 주는 든든한 가슴을 가진 부모와 함께하는 도전은 그것 자체가 용기이자 희망이다. 힘찬 응원의 말로 앞으로 나갈 수 있게 해주기도 하고, 때로는 넘어지지 않게 해주는 힘의 원천이다.

자존감이라는 건 그런 건가 보다. 무너트리기는 쉽지만 다시 복원하기는 정말 어렵다. 특히 자기 중심이 약한 사람일수록 그 복원의 시간은 더디기만 하다. 누군가는 자존감과 소심함을 구분 지을 수 없다고 말하기도 하지만, 중요한 것은 소심하지 않다고 해서 자존감이 무너지지 않는 건 아니라는 것이다.

그때부터 나는 몸집은 크고 있었지만 정신세계는 연약한 작은 아이로 남았다. 그게 어린 마음의 상처인지, 아니면 크게 강탈당한 자존감 도둑이 남긴 기억인지 아직도 혼미하기만 하다. 그때로 돌아갈 수만 있다면, 뒤에서 자전거를 꼭 잡아주고 싶다. 무엇을 해도, 어떻게 하더라도 걱정하지 않도록 말이다.

#10

마음을 여는 문의 손잡이

~

"사랑하라, 한 번도 상처받지 않은 것처럼."

– 알프레드 디 수자(Alfred D. Souza)

상처받은 사람이 치유를 받는다고 해서 그 상처가 완전히 없어지는 것은 아니다. 다른 사랑으로 내 눈과 귀를 돌려 잠시 잊게 만들 뿐이지, 상처는 가슴속 저 깊은 곳에 여전히 자리 잡고 있다. 깊어가는 흉터가 점점 당신의 심장을 어둡게 만드는 걸 보면 알 수 있다.

그래서 우리는 끊임없이 움직이고, 부지런히 빛을 찾아 걸어 나간다. 자칫 여기에서 멈추거나 주저앉는다면 나의 상처는 더 깊은 곳으로 썩어 들어갈 것 같아서일까. 내 몸을 움직여 나를 찾아 나서야 한다. 누군가가 먼저 손을 내밀어 주기만을 기다릴 시간은 없다. 신은 인간이 감내할 수 있는 정도의 고통을 준다고 하지만, 어느 누구도 그걸 증명할 수는 없다. 단지 인간은 존재함으로써 고통을 감내했다는 것을 증명할 뿐이다.

그렇기 때문에 우리는 좌절이라는 벽 앞에 무릎을 꿇는 것이 아니겠는가. 앞으로 나아갈 수 없는 힘의 상실이다. 나는 여러 시간을 무의식 속에서 고통을 이겨낼 수 있는지 자문해왔다. 얼마만큼 버텨 내면 이놈의 아픔을 이겨낼 수 있을까. 누군가가 그냥 아픔의 높이만이라도 알려줄 수는 없는 것인가. 조금 더 현실감 있게 받아들이고, 손을 내밀면서 말이다.

돌아보면 비바람 속에 갇혔던 나의 청춘, 어떻게 이겨냈을까. 어둠 속에서 얇게 쏘아붙인 레이저와도 같은 희뿌연 연기를 비추는 한 줄기의 빛이라도 찾아 나서기는 했던가. 인간은 듣지도 보지도 못하는 자신만의 어두컴컴한 벽장 속에서 깨어날 수 없는 혼미한 정신으로 좌절하기도 한다. 나에게 주었던 수많은 아픔들, 사람이 사람에게 주는 고통이 어디 가볍다고 말할 수 있을까.

분명한 것은, 어둠의 방에 갇혀 허우적대고 주저앉아 자포자기한다면 밖으로 나아가는 문은 열 수가 없다는 것이다. 알고 있다. 그게 어디 말처럼 쉬운 것이겠냐마는, 어렵고 지치더라도 조금만 더 움직여야 한다. 한 줄기 밝은 빛이 저 앞에 있을 것이라는 희망을 품으면서 말이다.

눈 앞에 보이는 수줍은 나를 만나더라도 피하지는 말자. 아무 일 없었던 것처럼, 내 정신과 육체에 힘을 내라고 말이다. 그래야만 절망의 늪에서 허우적대는 내 삶은 한 걸음 앞으로 나아갈 수 있고, 햇살이 비치는 밝고 아름다운 희망을 만날 수 있다.

인간과의 갈등이 왜 발생했는지 근본적인 사실에 집착하지 말고, 한 발 앞으로 나아가면 좋겠다. 그 갈등 속에서 경솔했음을 인정하고, 기다린다고 이 갈등이 해결되지 않는 걸 받아들이면서 말이다. 인간에게서 받은 상처를 갈등으로 키우지 말고, 희망을 잡아먹는 괴물로 만들지 말자. 가끔 상처는 손을 대야 치유가 가능한 것처럼 말이다. 그 손은 자신만이 내밀 수 있으니 조금 더 가까이 다가서 본다.

사람의 마음을 닫는 현상은 그냥 생기는 게 아니다. 그동안 쌓이고 쌓인 작은 상처의 씨앗이 시간이 지나며 싹을 틔울 때 치유를 필요로 한다. 절대로 내 안에서 치유할 수 없다. 그러니 힘들어도 한 발짝씩 나아가 누군가를, 그리고 그 상처의 원인이 되는 씨앗을 찾아보는 건 어떨까.

#11

결혼 후 변한 것

~

"내가 이러려고 결혼했나?"라는 생각이 들 정도로, 결혼 초 1년 동안은 정말 많이 다퉜다. 앞으로 함께 살아갈 날이 많은데, 잘 지낼 수 있을지 서로 심각하게 고민하던 그때가 쉽지 않은 시간이었던 건 분명하다. 알고 보면 대부분 나에게서 비롯된 사소한 일이었다. 아, 그런데 그걸 인정하고 바꿔나가는 게 왜 이렇게 힘든 걸까. 조금만 변하면 되는데 그 속도가 더뎠다. 그런 나는 그 동안 서운하다고 생각했던 것들까지 핑계 삼아 아내와 다퉜다.

정말 연애와 결혼은 다른 걸까. 아내에 대한 내 불만은 알고 보면 특별한 것도 아니었다. 국제결혼 부부가 겪는 일반적인 문화 차이일 수도 있고, 자유로운 내 삶의 방식에서 이제는 맞춰 나아가야 하는 누군가가 있다는 것에 대한 부담감일 수도 있다. 무엇인지도 모를 불만이라고 해야 할까. 모든 게 구속인 것처럼 답답함을 안고 지냈던 것 같다. 다들 이렇게 사는 건가?

부부라는 게 참 묘하다. 냉탕과 온탕을 오가며 울고 웃는 시간이 많아지면서 그동안 얼어 있던 마음이 녹아 내리는 건 또 순간이었다. 그렇게 잊고 살았던 사랑을 되찾던 그 무렵 아내의 임신 사실을 알게 되었다. 우리는 밝은 미래를 그리며 행복함을 마음껏 나누었다. 한편으로는 새로운 가족을 맞이한다는 생각에 머릿속이 복잡해지기도 했지만 괜찮았다. 당시 감정을 돌아보면 한 번도 아이를 가져본 적이 없던 나와 아내는 기쁘기도 했지만 두려워하지 않았나 싶다.

어느 날 회사에 있는 아내로부터 다급한 전화를 받았다. "피가 많이 나오고 있어." 아내의 목소리는 떨리고 있었다. 나는 즉시 병원으로 가라고 말한 후, 나도 곧장 달려갔다. 병원에 도착해서 식은땀을 흘리는 아내의 모습을 보며 나는 하늘에서 한줄기 빛이 번쩍이는 느낌을 받았다.

"절박유산입니다. 지금부터 아무것도 하지 말고 집에 누워만 계세요."

유산이 임박한 것이었다. 의사의 진단과 함께 우리는 아이의 심장이 뛰는 소리를 듣게 되었다. 그 소리가 멈출 수도 있다는 데 대한 무서움을 느끼면서도, 심장이 뛰는 소리를 처음 들은 나는 '이제 아빠가 되겠구나' 하며 다른 세계에 온 사람처럼 입술을 깨물었다. 그렇게 집에 돌아와 쉬는데, 그날 새벽에 또 하혈이 시작되었다. 우리는 병원으로 향했고, 나는 아내 옆에서 뜬눈으로 밤을 지새웠다.

그때부터 아내는 오른손으로 계속해서, 그리고 부드럽게 자신의 아랫배를 문지르며 중얼거렸다. "괜찮아요. 우리 아기 힘내세요.", "엄마가 있잖아요. 걱정말아요." 그 모습을 본 나는 돌아서서 눈물을 흘릴 수밖에 없었다. 아련하고 예뻐 보였다.

다음날 "안 되었네요"라는 의사 선생님의 말 한마디에 우리는 직감했다. 주치의 선생님의 마지막 진찰을 받고, 결국 유산 진단을 받게 되었다. 해쓱하고 핏기 없는 아내의 얼굴에는 눈물이 뒤덮

였다. 나도 가슴이 벌렁거리며 심호흡을 하지 않으면 숨을 쉴 수 없는 지경이었다.

꿈이었으면 얼마나 좋았을까. 집에 들어오자마자 아내를 끌어안고 함께 울었다. 그동안 나로 인해 아파했을 그녀에게 미안함을 넘어서는 눈물이 흘러내렸다. 내가 그녀를 사랑하고 있다는 것을 가슴으로 느꼈다.

나에겐 동전의 양면처럼 안정과 불안이 나란히 붙어 있는 듯 느껴진다. 내 인생이 그래왔기 때문일지도 모른다. 그래서 그런지 나의 결혼생활이 진짜처럼 느껴지지 않았던 것이다. 그냥 누군가를 책임지며 살아야 한다는 게 불안했고, 누군가와 마음을 맞추어 살아가야 한다는 것에, 그래서 숨이 막혔나 보다. 다들 그런 시간을 지나왔을 텐데, 나라고 특별하지도 않으면서 말이다. 내 심리적 압박감이 나 스스로를 얽매였지만 이제는 아내가 그것을 풀어주었다.

이렇게 말하는 게 창피하지만, 사실 아내는 꾸준하다. 그리고 착하고, 나처럼 허투루 인생을 살아오지 않았다. 이런 사람을 만나게 된 것이 행운임은 분명한데, 그걸 몰랐던 나다. 나는 밖으로 돌았고, 아내는 행복한 가정을 이루기 위해 자신만의 방식으로 최선을 다했던 것뿐이다. 절박유산을 진단받고 병상에 누워서 아랫배를 부드럽게 문지르며 말하던 아내의 옆모습은 미래에 함께 행복을 나눌 유일한 사람이 누구인지를 다시금 알게 해주었다.

"우리 아기 힘내세요. 괜찮아, 엄마 아빠가 있잖아요."

무언가 몹쓸 꿈을 꾸다 깨어난 것만 같았다. 아내의 진실된 모습이 나를 깨웠는지 모르겠다. 잠에서 깨어나 보니 나는 정상적인 자리로 돌아와 있었다. 신혼 초 잦았던 다툼들이 이제 먼 옛날 이야기처럼 들리는 게 신기하다. 결혼이라는 새로운 삶의 시작에서 오는 부담과 불안감은 이제 더 이상 없었다. 가끔은 옥신각신하기도 하지만, 아내가 있어서 너무 행복하다. 함께 늙고 싶다.

"나의 지난 과오를 용서해주길 바랄게요."
"이제 알았어요. 당신은 내 인생이며, 언제나 함께할 사람이라는 걸요."

#12

망각이란 불신의 씨앗

~

"손님, 어디로 모실까요?"
"판교역 앞 H 스퀘어 빌딩으로 가주세요. 빨리요!"

출근길 현관문을 밀고 나가며 시계를 봤다. '이대로 가다간 지각이다'라는 메아리와 동시에 택시를 타기로 마음먹는 데까지 아무런 걸림이 없었다. 그렇게 쉽게 택시를 잡아타고 목적지로 향하는데, 출발하자마자 엉뚱한 방향으로 가고 있음을 알게 되었다. 이상할 정도로 처음 보는 풍경들, 조금 이상했다. '택시가 어디로 가는 거야. 빙빙 돌아서 가겠다는 건가?'라고 속으로 중얼거렸다. 그렇게 엉덩이를 들썩거리며, 택시가 어느 경로로 가는지 하나도 잊지 않겠다는 각오로 목을 빼서 앞 유리 밖을 스캔했다.

내가 생각하는 잘못된 경로라면 분명히 있어야 할 크고 화려한 백화점 정문 앞을 지나야 하는데, 시간이 지나면서 낯익은 풍경이 계속 펼쳐지고 있었다. 얼마 안 가, 어느샌가 목적지 바로 앞에 도착해 있는 것이 아닌가. 택시는 내가 알고 있던 경로와 조금 달리 갔던 것뿐이었다. 나만의 관념과 머릿속의 경로만이 정상이라는 내적 기준을 고집하고, 택시 기사를 의심하고 있었던 것이다. 그게 얼마 가지 못해 별 볼일 없는 고정관념이라는 것을 깨닫게 되면서 창피함을 느끼기 시작했다.

우리가 항상 놓치는 망각 하나는 '내가 알고 있는 게 세상의 전부다'라는 것이다. 내가 알지 못하는 지식은 진실이라도 믿기 힘들어 하는 저항력을 갖게 되는데, 그것을 우리는 '불신'이라고 말하기도 한다. 뭔가 분명하게 받아들이기 전까지 그렇게 우리는 믿음을 밀어내는 불신의 영역을 내 머릿속에 잠재워 놓는다.

"사피엔스의 두뇌활동 중에는 신이 내린 현명하면서도 꼭 필요한 기능이 있다. 그것은 '망각'이다. 우리는 이 단어를 여러 상황에 대입해 해석하기도 하는데, 나는 망각이라는 무의식의 활동이 우리 인간에게 얼마나 좋은 영향을 미치는지 잘 알고 있다. 만약 예전에 자전거에서 넘어져 팔뚝이 부러졌던 기억이 오늘도 생생하다면 정말 골치 아픈 상황이 아니겠는가. 사랑했던 여인과 헤어질 때의 슬픔이 뚜렷이 기억난다면 어떨까? 물론 조금의 기억이 되살아나 깊은 생각에 잠겨 보기도 하지만, 이것을 우리는 '추억'이라고 표현하지 '슬픔'이라고 말하지는 않는다."

- 《무엇이 당신을 움직이게 만드는가》 中

사람이란 그런 건가보다. 애써 보지만 현재 상황에 몰입되어 주변을 살펴보지 못하는 경우가 많다. 정말 사람은 자기가 보고 싶은 것만 보고, 보기 싫은 건 보지 않는다는 게 사실일까. 아니면 내 생각의 주머니가 그 누구의 것보다 작아서 사람의 마음을 다 담지 못하는 걸까. 모두가 그러하듯 한편으로는 이런 망각도 아쉬울 때가 있다.

돌아보니 택시 기사님은 참 친절했다. 왜 그것은 기억하지 못했을까. 운전도 천천히 하며, 승객의 안전을 중요하게 생각하는 누가 보아도 좋아할 만한 운전 솜씨였다. 사람은 그렇게 돌아보며 여러 생각을 정리하게 되고, 잘못된 생각을 바로 잡을 기회를 만들기도 한다. 아마 지금이 그런 시간이겠지.

#13

희망이 너무 희망적이라고 느껴질 때

~

사람과의 관계에 대해 고민할수록, 여러 공동체에서 생존을 위한 허울 좋은 자존감을 내세워 보지만, 글쎄 별 볼일 없는 하나의 구성원이라는 걸 체감하기란 어렵지 않다. 잠시 스쳐 지나가는 관계일지라도 좀 더 깊이 있는 사람이 되고 싶다. 바람에 묻어 날아가는 흙냄새처럼 지나가는 이야기일지라도.

동물도, 그들 무리 속에서 서로 간의 관계 때문에 스트레스를 받는다고 한다. 침팬지는 우두머리가 되기 위해서, 또는 우두머리의 눈 밖에 나지 않기 위해서, 다른 침팬지와 좋은 관계를 유지하기 위해서 나름의 노력을 하고, 가끔은 예상치 못한 상처를 입기도 한다. 지구라는 작은 행성에 존재하는 생명체들은 그들 영역

안에서 발생하는 심리 상태가 그렇게 행복하지만은 않다. 인간이라고 뭐 다른 게 있을까.

그래도 움직여야 하고, 심리적 부담감을 이겨내야만 한다. 그래야 하는 이유는, 아직 내일이라는 희망의 메시지가 내 삶 속에 존재하고 있기 때문이다. 그런데 그 보이지 않는 솜사탕 같은 희망은 어디에 있는 것일까. 사람들과의 관계는 좋아지고, 내일의 모든 일들이 나아질 거라는 자기 암시는 이내 상황을 반전시킬지도 모른다.

희망이라는 글자가 때로는 너무 희망적이다. 아이콘이라는 이 글지도 무조건적인 희망이 되어서는 안 되는 데 말이다. 맹목적인 사랑이 배신을 낳는 것처럼 무조건적인 희망을 품어야 한다는 말에는 조금의 강제가 섞여 있을 수 있다. 그게 희망이 가지고 있는 함정일 수 있다고, 그렇게 조건 없는 희망을 꿈꾸기도 한다.

어쩌면 무조건적인 희망을 품는다는 건 무모한 생각의 번뇌일 수 있다. 생각에 자기 최면을 거는 것처럼 내 소유가 아님에도 손에 쥐고 있는 것처럼 자기 암시로 번져질 수 있으니 말이다. 이것은 조금 위험한 심리적 부담이 될 수 있다. 피그말리온의 갈레테리아에 대한 사랑은 조건이 없었지만, 우리 세상의 생각에는 최소한의 조건은 있어야 하지 않을까.

제일 피하고 싶었던 게 희망고문이다. 대학 입시 원서를 내고 '합격할 거야'라는 어설픈 희망을 가지는 것보다 '떨어질 수도 있다'라는, 어디론가 숨을 구석을 만들어 놓는 게 마음이 좀 더 편했다. 오로지 잘 될 거라고 외치는 게 왜 이렇게 불안하기만 했을까. 물론 고르지 못한 내 심리 상태의 반영이기도 하지만, 조금이라도 변수가 생길 것에 대비한 심리적 충격 완화장치를 스스로 찾았는지도 모르겠다.

조카가 여러 명 있는데, 유독 내 눈에 밟히는 20살짜리 여자 조카가 있다. 누나가 일찍 결혼해서 아이는 어느덧 어른이 되어 가는 길목에 서 있는 듯 의젓해졌다. 녀석은 고등학교 시절부터 진학보다는 직업 경찰이 되고 싶은 꿈을 가지고 있었다. 물론 직업이 한 아이의 꿈이 된다는 게 어쩌면 모순된 이야기지만, 어쨌거나 그렇게 경찰이 되고 싶어 했다. 문제는 조카가 경찰 시험을 준비할 동안 지원해 줄 만한 자원이 부족하다는 것이었다.

성인이 되면 자신의 길은 스스로 헤쳐 나가기를 바라는 마음도 있었지만, 중요한 건 본인의 의지에 달린 것들이었다. 자기 용돈 정도는 스스로 벌어야 하는데, 아르바이트를 시작하면 하루 이틀도 안 되어 그만두곤 했다.

"왜 정시보다 일찍 출근하라 하고, 퇴근 시간이 넘어도 퇴근을 못 하게 하는 거야?"
"사회 생활이 대부분 그래. 조금 참고 견디면 익숙해질 거야."
"불합리한 게 너무 많은데, 왜 참고 견뎌야 하는 건데!"

조카는 그렇게 말하곤, 이렇다 할 경력 없는 사회 초년생에 대한 편견이 스며 있다는 것에 실망하고 있었다. 나는 해줄 만한 적당한 대답을 찾지 못했다. 단순히 "참고 견뎌야 해. 원래 다 그런 거야"라고만 말할 줄 알았지, 그 이상의 어른다운 이야기를 해주지 못했다. 삶이 나아질 거라는 희망의 싹을 잘라버리는 순간이었다. 지저분하고 얼룩이 가득한 우리의 자화상은 아닌가 싶어서 나는 창피함마저 들었다.

무엇이 우리를 그저 '견뎌야 해. 세상은 원래 그런 거야. 그러니까 너가 세상에 맞추어야 해'라고 주문을 외우게 만드는 걸까. 사회 시스템이 조금만 더 친절해지고, 신사처럼 움직여줄 수는 없을까. 사회에 갓 나온 조카가 입었을 상처가 과연 어쩔 수 없는 아픔이었을까. 이것은 단순히 인정받고자 하는 욕구와는 구분 지을 수 있을 텐데, 인정욕구로 치부하려 했던 내가 부끄럽다.

희망을 품지만, 그만큼 무언가의 행동을 하지 않는 경우가 있다. 바로 무조건적이고 무의미한 희망이 될 수 있는 부분이다. 물론 희망에 조건이 있어야 하는 건 아니다. 다만 나는 긍정의 메시지를 실현하고자 하는 움직임도 함께 필요하다는 걸 말하고 싶다. 힘에 부친다. 그래도 이 좁은 공간에서 나를 움직이는 게 희망이라면, 그게 없어 막막하다면 그것만큼 힘든 시간도 없을 것 같다.

#14

부드러움에 관하여

~

한여름 밤 태풍이 몰아칠 때 집 앞 가로수 모습을 보면 나는 걱정이 앞선다. 가녀린 버드나무처럼 고무줄 같은 얇은 나무와, 어떤 자연재해도 쓰러뜨리지 못할 것 같은 든든하고 우람한 모습의 두 나무가 서 있다. 과연 어떤 나무가 태풍이 가져온 강한 비바람을 이겨낼까. 밤새 아무 일 없기를 기도하며 아침 출근길에 보니, 우직해 보이던 나무는 흙을 한 움큼 쥐어짜며 누워 있고 얇디 얇은 나무는 아직 그 자리에 서 있다.

다른 사물에서도 마찬가지다. 대나무가 하늘 높이 뻗어 나갈 수 있는 이유는 강한 바람에도 휘어질 수 있는 유연함에 있다는 건 모두가 알고 있다. 행여라도 융통성 없는 우직함이 대나무였다면, 그 역시도 높을수록 꺾였을 텐데. 이기주 작가는 이렇게 말했다. "생명과 가까운 게 부드러움이고, 죽음과 가까운 것이 딱딱함이고, 살아 있는 것들은 죄다 부드러운 법이다."

인간의 부드러움은 손연재 선수의 뼈마디 연골 같은 유연함을 말하는 게 아니다. 사회 속의 현상을 요약한 것과도 같은데, 유연함이란 부드러움을 동반하는 잘 살기를 바라는 마음에서 생존과 관련이 높다. 생각의 기준을 잡고 있으되, 상대를 다치지 않게 할 수용력 있는 말과 행동도 포함된다.

생각이 부드럽고 유연할수록 살아가는 데 있어서 장애물을 덜 형성하게 된다. 경직된 사고에서 나오는 행동은 사람과의 관계를 진전시킬 수도 있지만 멈춰버리게 할 수도 있다. 때로는 생존의 기로에서 인생의 윤택함을 결정짓기도 하는 게 바로 융통성이 아닐까.

어느 날, 곤충 학자는 뚜껑이 없는 투명한 유리병에 꿀벌과 파리 한 마리씩을 넣었다. 그리고 둥근 병 입구가 옆으로 가게 뉘어 유리병을 허공에 매달아 두었다. 추가로 병의 막힌 바닥 부분에 밝은 빛을 쏴 주었다. 며칠 후 꿀벌은 병 안에서 죽었고, 파리는 병을 탈출해 살아났다. 꿀벌은 빛이 있는 막힌 쪽을 행해서만 계속 날아올랐기 때문이다. 탈출구가 없는데도 오로지 빛 하나만 보고 돌진한 것이다.

꿀벌은 목표가 분명했지만 꽉 막힌 사고로 그것이 진리인 양 빠져 있던 것이고, 빛이 있는 곳이 출구라는 고정관념을 가지고 있던 반면 파리는 목표가 있지만 그것을 쟁취하는 방법이 다소 유연했다. 다르게 생각하면, 해볼 수 있는 모든 걸 다해본 파리의 승리라고 할 수 있다.

우리 삶도 마찬가지다. 유연함은 다양한 변화를 가져와 인생을 바꾸기도 하지만, 경직된 사고는 삶의 옵션을 한정시켜버릴 것만 같다. 좁은 생각은 유연함을 제약하게 되고 삶의 윤택함마저 좁게 만들 수 있다면, 조금 더 열린 마음으로 내 생각에 고집 없이 사는 것도 고민할 만하다.

#15

나만이 할 수 있는 것

~

어떤 이는 분노를 표출하지 못하면 암덩어리로 발전할 수 있다고 말한다. 그래서 쏟아내고 해소하는 방법을 찾기도 하지만, 가끔은 엉뚱한 방법으로 우리를 당혹스럽게 한다. 묻지마 폭행이나 키보드 워리어들이 이런 류에 속한다고 할 수 있는데, 문제는 이러한 마음이 생기게 한 상대가 있다는 것이다.

김수환 추기경은 생전에 "화내는 사람은 자기를 죽이고 남을 죽이며 아무도 가깝게 오지 않아 늘 외롭습니다"라고 말했다. 심리학자들의 공통된 견해에 따르면 사람들이 화를 내는 이유는 이렇다. 예상하지 못한 일이 발생해서, 스트레스의 해소법으로 화를 선택하게 된다는 것이다. 사람은 격분하는 순간 자신이 하는 행동과 말에는 정상적인 기준과 비교할 여력이 없어지기 때문이다.

분노로 점철된 생각이 소외감과 적개심을 확장시키는 결과를 낳게 되는 건 사실인 듯하다. 분노에 찬 생각이란 간단하게 없어지지 않고, 내 영혼이 멍들어가는 듯 정신없이 피곤하게 만든다. 문제는 이것을 어떻게 하느냐이다. 마음의 안정을 찾아도 모자란 마당에, 화내고 분노한다면 내 마음의 평화는 어디에서부터 확장시켜야 할까.

마른 들판에 던져진 성냥불 하나가 삽시간에 번지듯, 타오르는 속도와 범위에 압도당하는 것과 같다. 사람에게서 느껴지는 화가 섞인 마음은 걷잡을 수 없는 상황에 맞닥뜨리게 된다. 한번 시작된 분노는 꼬리에 꼬리를 물고 생각이 가용할 수 있는 최대치의 공간에서 증오심을 채우게 되기 때문이다.

전 세계의 영적 스승이라고 불리는 바이런 케이티는 이런 말을 한 적이 있다. "생각에 집착하면 두렵고 고통스러워집니다. 생각을 생각하지 않을 때 나는 비로소 자유로워집니다." 부정적인 생각은 더욱더 집착하게 하고, 내 목을 옥죄는 올가미처럼 나를 고통스럽게 한다는 얘기다. 분노의 마음도 마찬가지다. 분노의 생각이 마음속 어느 한 공간에 차지하고 앉으면, 이미 내 생각은 그곳에 집중이 되어 들불처럼 새까맣게 내 마음을 장악한다.

그래서 생각을 하지 않는 게 결국 나를 구하는 방법이다. 이때 찾아 나서야 하는 사람은 나에게 분노의 마음을 일으킨 당사자이며, 그렇게 조그만 대화부터 시작하며 상대와 마음을 풀어 나가는 것이다. 그 사람 뒤에서 묻지마 폭행을 하고, 인터넷을 뒤져 악플을 연신 두드리는 행위로 마음의 평화를 찾는 건 불가능하다. 중요한 게 있다면 내가 받은 분노를 또 다른 분노의 마음으로 상대방에게 토해낸다고 하더라도 그것은 완전한 해소가 될 수 없다는 것이다.

완전한 분노 해소가 그 사람을 용서하는 것이라면, 용서는 악화 일로의 내 마음에 평화를 가져다주기 위한 순수하고 이기적인 발상일 수 있다. 다시 말하면 용서는 상대를 위한 것이 아니라, 순전히 나만을 위한 최고의 방법이다. 언제까지 분노와 증오, 그리고 적개심으로 나의 마음을 흑색으로 병들게 할 것인가.

사회생활을 하다 보면 끝 모를 분노가 치밀어 주체하지 못하거나, 한순간 혈압을 끌어 올리게 만드는 다양한 이벤트들이 발생한다. 이 모든 화를 자신의 마음속에 가두어 둘 필요는 없다. 그러기에는 살아갈 시간이 소중하기만 하다. 그런 부질없는 생각이 우리의 영혼과 마음을 잠식한다는 것을 잘 알고 있으면서도 잘 다스려지지 않는다. 화라는 게 그런 건가 보다. 어두워질수록 우리의 마음은 회복하기 힘들기 때문에 우리는 이것을 조심해야 한다. 언제부터 내 마음 한구석에 크게 자리잡고 있을지 모르니 말이다.

#16

인간관계는 기브 앤 테이크가 아니야

~

상대방이 나에게 무언가를 요청하는데 단칼에 거절하는 사람을 보면 가끔 부러울 때가 있다. 부탁하는 것보다 거절하는 게 힘든 의사 결정이라서 그럴까. 특히 친한 친구의 부탁이라면 더욱 어렵다. 부탁을 들어주지 않으면 이 사람과의 관계가 더 이상 진전되지 않을까 노심초사하기도 하고, 나에 대해 나쁜 감정을 가지는 게 아닐까라는 생각에 고민의 골은 깊어만 간다. 나에게 기대하는 만큼 나도 거절에 대한 두려움이 커지게 마련이다.

사람은 누군가를 돕지 못한다는 것에 회의감을 느끼기도 하고, 자신의 무능을 자책하기도 한다. 문제는 부탁에 대한 거절로 인해 관계가 소원해진다면 그런 사람은 이미 언제든지 떠날 수 있다는 것이다. 부탁을 들어준다고 해서 그 사람이 내 평생의 동료가 된다는 보장도 없고, 부탁 하나에 인간관계를 거는 사람이라면 다시 만나지 않아도 괜찮으니까.

표현은 부드럽지만 내용은 단호하게 상대방이 헷갈리지 않도록 하고, 또 기분 나쁘지 않게 할 수 있으면 얼마나 좋을까. 물론 쉽지 않은 기술이 필요하지만, 이렇게 함으로써 상대방에게는 또 다른 상황에서 개선할 시간을 만들어 주는 건 서로에게 도움이 될 수 있다.

가장 중요한 건 거절을 미루지 않는 것이다. 이성 간의 교제에서도 상대방의 고백을 매몰차게 거절하는 사람은 그리 많지 않은 것처럼, 머뭇거리고 시간만 차일피일 미루어 사람을 힘들게 하는 상황은 피해야 한다. 지금이라도 만나서 말할 수 있으면 좋겠지만, 메시지로 의사를 전달하는 것도 좋은 방법이다. 글로 쓰다 보면 고쳐 쓸 수 있고, 조금 더 좋은 표현이나 흐름으로 수정할 수 있다는 장점이 있기 때문이다.

"저도 당신의 상황을 잘 이해했고, 도와주고 싶어요. 그런데 제 상황이 여의치 않아요. 제 사정이 어려워서 그래요. 미안합니다."

거절은 항상 실망감을 남긴다는 것이 우리를 망설이게 한다. 그렇다고 감정에 이끌려서 내리는 판단은 언제나 후회를 남기고, 결국 사람까지 잃게 된다면 신중한 결정이 필요하다. 사실 혼자 살아가는 사회가 아닌 이상, 누군가를 돕고 때로는 도움을 받는 게 어쩌면 당연한 세상 이치겠지만, 도움의 수위가 내가 감당할 수 있을 때 의미를 찾을 수 있고 협력이 될 수 있는 게 아닐까.

진정한 인간관계는 주는 만큼 받고 받는 만큼 주는 관계, 즉 기브 앤 테이크의 관계가 아니다. 내가 당신을 도왔으니 당신도 나를 도울 것이라는 기대감이 결국 돈독했던 그 관계를 망치는 함정이 되어 버리기 때문이다. 자신이 수용 불가능한 수준의 부탁을 받는다면 이제는 용기를 내어 가지를 솎아낼 수 있어야 한다. 거절할 수 있는 용기가 있다는 것은 어쩌면 건강한 인간관계를 형성하는 지름길일 수 있다.

#17

긍정이라는 망각의 산물

~

나는 가만히 있는데 주변 사람들이 더 난리인 경우가 있다. 주로 내 성과를 누군가에게 빼앗겼을 때, 아마도 내가 열정을 가지고 최선을 다했고, 진정성을 보일 때일수록 더욱 그렇다. 그 배경에는 1등 혹은 가장 높은 사람만을 기억하지, 그 뒤에 숨은 공로자는 금방 잊는 사회현상이 숨어 있다. 그래서 모두가 1등이 되기 위해 부단히도 노력하고 있는 게 아닌가 생각해 본다. 나 역시도 그런 경험이 있다.

나름의 아이디어를 내서 좋은 성과물을 만든 프로젝트가 있었다. 두 번의 도전 만에 기획 의도대로 성공했고, 기대 이상의 성과를 내었다. 그러나 그것은 내 이름을 건 프로젝트가 아니었다. 나를 지치고 힘들게 만든 것은, 결국 들러리라는 생각이었다. 내가 얼마나 노력했는지와 관계없이, 사람들은 나의 열정에 관심이 전혀 없었다. 나는 당사자가 아닌 보조자이기 때문이다. 마치 무언가 잃어버린 것 같은 기분이 드는 이유는 외롭다고 느껴지는 하루가 길며 그만큼의 허전함이 있어서다.

왜 사람들은 강요할까. 아니라지만, 알고 보면 강요 섞인 요구가 있다. 성공해야 한다고, 좋은 학교에 가야 한다고, 맨 앞줄에 서야 하고 뒤로 처지면 안 된다고, 시험에 합격해야 한다고 확성기로 귀에 대고 말하는 것 같다. 해야만 하는 건 맞지만 나도 살아야 하지 않겠는가. 나에게 거는 기대치가 어떤 기준에서 나를 위한 요구라고 볼 수 있을까.

돌아보면 나에게도 강요로 표현될 만한 많은 일이 있었다. 그것이 때로는 무언의 요구였고, 때로는 의무처럼 받아들여야만 했다. 운동선수 출신이어서 그런지도 모르겠지만, 다소 진중한 모습으로 살아가고 있다. 다른 말로는 내성적인 성격이기도 하고, 실제로도 말이 그렇게 많지 않다. 가능하면 분위기에 휩쓸리지 않으려고 중심을 잡고 버티기도 하는데 그런 모습이 무뚝뚝해 보이나 보다.

사람들은 얼굴 좀 펴라고 조언한다. 말이 조언이지, 달리 보면 경직된 것처럼 보이는 성격을 고쳐야 한다는 일종의 강요로 들리기도 한다. 나를 위한 한 마디가 될 수도 있지만, 어쩌면 그 사람이 나에 대한 불만족을 토로하는 것일 수도 있다는 걸 알아야 한다. 나에게 자신의 기준에서 하고 싶은 이야기를 필요 이상으로 하는 것일 수도 있다.

내가 싫어하는 걸 무조건 긍정적으로 받아들이라고 하는 건 망각의 산물이다. 그래서 내가 잘할 수 있는 무언가의 결과는 좋을 수밖에 없는 게 아닐까. 열 마디로 분위기를 좋게 만드는 것보다, 한 마디로 타인의 이야기를 들어주는 내가 좋다. 비록 부담된다고 말할 수도 있지만. 타인이 나의 진중한 모습에서 느끼는 안정감이 때로는 신뢰를 형성하는 기회의 문이 되기도 하니까.

존재

#1

힘들 때 읽어 보기

~

나라는 존재 하나가 세상의 모든 일을 해결할 수 없다는 걸 잘 알고 있다. 때로는 부딪히고 숨죽이며 보내왔을 그 시간이 결코 헛되지 않기 위해서는, 작은 거 하나라도 해낼 수 있는 힘이 분명히 있다는 믿음을 가지는 것이다. '할 수 있을까'의 고민이 앞서는 것보다는 말이다. 가끔은 높은 벽 앞에 서 있는 작은 나를 발견한다. 더 이상 앞으로 나갈 수 없게 만드는 지친 시간은 그렇게 만들어진다.

요즘도 청년에게 먹고, 자고, 입는 생존의 문제는 아직 해결해야 할 과제다. 공부하라는 윗세대들의 말을 믿고 앞만 보며 책상에 앉았고, 세상에 나가면 모든 게 잘되는 줄 알았지만 모든 게 친절하지 않다는 것을 알게 된다. 하고 싶은 걸 마음껏 하며 살아갈 수 있을 줄 알았다. 그렇게 살면 생존할 수 있는 줄 알고, 모두가 그렇게 말하지 않았는가. 우리는 그저 그렇게 믿으며 살아온 것뿐인데, 그 말을 믿고 따르면 행복해질 줄로만 알았지만 그게 아니었다.

마음을 다잡고 살아가지만, 우리의 상황은 좀처럼 나아질 기미가 보이질 않는다. 현실이 가로막는다고 해도, 좌절을 경험하는 작은 존재일지라도, 조금은 어렵지만 일정 부분 가치 있는 한 사람이 되고 싶다. 내가 하고 싶은 걸 모두 할 수 없다고 해서, 할 수 있는 것까지 포기할 필요는 없다. 진리라고도 할 수 없는 지극히 자연스럽고 당연한 말이지만 '포기'라는 단어가 들어가는 순간 의미 없는 글로 탈바꿈한다. 그래서 넘어서려는 몸부림은 고귀하고 존중받아 마땅한 게 아닐까.

많은 걸 할 수 없다 하더라도 나만의 작은 한 가지만큼은 이룰 수 있다고 믿는 것, 다소 완벽하지 않더라도 무언가를 시도할 가치는 충분하기 때문이다. 나라는 사람의 존재 자체만으로도 분명히 의미 있으니 말이다. 그러니 실패를 할지라도 포기는 하지 말겠다는 한마디의 힘을 믿어 보자.

사실 예기치 않게 자기가 의도하지 못한 길에서 인생의 바닥을 경험하는 경우가 허다하다. 번쩍이는 아이디어로 빚을 내어 창업했지만, 결국 대출의 늪에서 허우적거리는 청춘은 아직도 늘어진 어깨를 추스르지 못하고 있다. 자리 잡지 못한 우리의 청춘은 아직도 그들만의 방식으로 삶에 맞서고 있다. 사실 삶은 살아져야 하는데, 이렇게 우격다짐으로 지내다 보니 자연스럽지 못한 뻣뻣한 결과물이 나오는 게 아닐까.

"우리의 최대의 영광은 한 번도 실패하지 않는 것이 아니고, 넘어질 때마다 일어서는 것이다."

— 골드 스미스(Oliver Goldsmith)

골드 스미스는 1700년대 아일랜드 태생의 영국인이다. 어린 시절은 질병에 시달리고, 성인이 되어선 공부와 사업에서 실패를 거듭했다. 여행을 하며 삶에 대해 고찰하는 시간을 가졌는데, 그런 그가 전하는 인생의 조언은 이 시대에 존재하는 모두에게 해당하는 이야기다.

왜 사람은 힘들어 하는지 생각해 본다. 무언가 해도 원하는 만큼의 결실을 얻지 못하기 때문에 좌절하고 실패하는 게 아닐까. 선배들이 말하는 "나 때는 더 힘들었어"라는 말에 받는 상처는 크다. 왜 그런 아픔을 느껴야 한다고, 그래야만 성숙한 어른이 될 수 있다고 말하는 걸까. 그게 아픔이 되고 삶의 의지를 꺾어버리는 건 줄도 모르면서.

어느 순간부터 가장 많이 들려오는 말이 "요즘 진짜 힘들어"이다. 아주 오래전부터 해왔던 말이라 해도, 거짓은 아닌 이 한마디. 푸념처럼 느껴지지만 실제 우리의 모습이다. 어차피 인생은 다 살아지게 되는 걸 알면서도. 조금만 버텨내면 자신의 삶은 조금씩 변하고, 때로는 좋은 기회가 온다고 믿어 본다. 더 이상 나빠질 것도 없으니 말이다. 그러니 당신, 힘들어 하지 않기를. '지금이 가장 힘든 게 아니고, 우리의 인생은 그냥 힘든 것이다. 다만, 힘든 걸 이겨내고 다시 움직일 수 있다면 그게 바로 진정한 삶이다.'

힘든 삶을 이겨낸 누군가에게 이 말을 전해주고 싶다.
"너무 애쓰지 않아도 돼요. 너무 잘하고 있어요."
"잘 살아왔고, 잘했다고, 인정받아 마땅하다고."

#2

지나고 보면 그리운 것들

~

잘 먹고 잘 사는 게 중요해진 요즘, 나는 잘 살고 있는 것일까. 잘 사는 게 어떤 것이지? 찰진 밥알을 꼭꼭 씹어 넘길 수 있다면, 그게 바로 잘 사는 것일까? 잠자리에 누웠고, 가냘픈 새소리에 아침잠에서 깨어나 내가 살아 있음을 느낄 수 있다면 잘 사는 것일까? 요즘처럼 불확실한 시대에 사는 우리들은 잘 사는 것에 대해 선뜻 답하기가 어렵다.

오랜만에 대면 콘서트에 다녀왔다. 와이프가 좋아하는 가수가 위드 코로나가 시작됨과 동시에 콘서트를 열었기 때문이다. 예전과 달라진 게 있다면 소리를 지르거나 일어서는 게 제한된다는 것이었다. 박수로 내 열정을 표현하는 수밖에 없었다. 새로운 시대의 공연을 즐기는 모습이 되었나 보다. 공연 중간 브레이크 타임에 가수는 관객들을 향해 이런 말을 했다.

"연예인이라서 그랬겠죠?"

"왜 내가 옛날에는 외출할 때마다 마스크를 쓰고 나갔는지 모르겠어요."

"마스크를 벗을 수만 있다면 무엇이든 하고 싶은 요즘입니다."

"코로나가 끝나면, 마스크 안 쓰고 다닐 거예요."

어쩌면 이렇게 내 삶과 닮아 있을까. 함께 있을 때는 모르고 지냈던 허전함이 시간이 지나면서 나에게 공허함을 안겨준다. 일상의 소중함을 느끼는 하루가 늘어날수록 지나간 것에 대한 그리움의 시간이 고통으로 다가오는 걸 목격한다. 학교에서 집으로 돌아와 보니 따뜻한 밥이 이제 막 뜸을 들이고 있는 밥솥을 보면서, 아직 어머니의 사랑이 남아 있음을 확인하는 시간, 그때는 모른다.

예전에는 아무것도 아니었던 일상이 그만큼 그리워진다. 굳이 사용할 일이 없었던 마스크가 이제는 삶의 일부가 될 정도로 필수품이 되어버린 듯, 우리는 서로의 얼굴을 제 모습으로 바라보는 것도 힘들어졌다. 사람의 얼굴이 그리워지는 요즘이다.

오래전 이야기지만, 한 번은 초등학교 3학년인 남자 조카와 조카 친구들을 데리고 운동장에서 축구를 했다. 아이들한테 어른은 무엇이든 잘하는 사람이었나 보다. 마치 내가 축구선수가 된 것처럼 레슨을 하기에 이르렀다. "우리 삼촌이야! 부럽지?" 조카는 자신의 삼촌이 자랑스러웠는지 들뜬 모습으로 이리저리 뛰어다니기 시작했다.

나는 "너 가만히 안 있을래? 저기 가서 끝날 때까지 기다려"라고 말했다. 여러 명의 아이들이 있어 그렇지 않아도 어수선한데, 조카까지 떠들다 보니 피로가 몰려왔다. 나는 운동장 한구석에서 마무리할 때까지 기다리라고 한 것이다. 녀석은 생각지도 못한 내 다그침을 듣자 시간이 멈춘 듯한 표정으로 운동장에 덩그러니 서 있었다. 번복할 것 같지 않은 분위기를 감지했는지 해맑게 웃던 조카의 모습은 온데간데없이 쓸쓸한 눈빛으로 나를 바라봤다. 팔로 눈물을 훔치며 고개를 떨구고 있었다.

가슴이 얼마나 시렸을까. 자신과 함께 해준 삼촌이 얼마나 좋았고, 친구들에게 얼마나 자랑하고 싶었으면 그렇게나 해맑게 뛰어다녔을까. 지나고 보니 너무 아픈 시간이다. 시간을 다시 되돌리

고 싶다. 그때로 돌아갈 수 있다면 조카를 꽉 안으며 이 말을 해주고 싶다

"괜찮아 마음껏 뛰어도 돼. 걱정하지 말고."

#3

나를 사랑하는 첫 번째 조건

~

회사에 공연장이 있는데 안전 기준이 강화되어서 한국어뿐만 아니라, 영어로도 대피 관련 안내방송이 나가야 한다. 그래도 영어를 조금은 흉내낼 수 있는 내가 녹음자로 선택되었다. 그렇게 방송실에서 안내 방송을 녹음하고, 휴대폰에 저장해 두었다.

그런데 나는 아직 이 파일을 열어 보지 못했다. 음성파일에는 내 목소리가 있을 테니, 내 목소리를 듣는 게 닭살이 돋을 정도로 싫기 때문이다. 땅 속을 파고 기어 내려갈 듯이 낮은 톤의 목소리, 강약도 없이 일정하고 지루하게 이어지는 듯한 목소리 톤을 내 목소리라고 생각하니 더욱 그렇다.

초등학교 때다. 하루는 옆집에 사는 친구 집에 놀러 갔는데, 형들이 새로 산 라디오에 녹음 기능이 있다며 재미삼아 녹음기를 돌려보았다. 우리는 쓸데없는 말로 녹음을 하면서 신기해 했는데, 몇 분 후 플레이 버튼을 누르자 내 목소리가 들렸다.

그 기억이 남아 있어서 그런 걸까. 그 소리가 아직도 귓가에 들리는 듯해서 왠지 모르게 주눅이 든다. 성인이 된 지금도 그때와 별반 다르지 않은 삶을 살고 있다. 여전히 내가 말하는 소리가 익숙하지 않다. 사람들이 목소리가 정말 좋다고 말하는 것과는 다르게 내 마음의 안정을 찾기란 힘들다.

강연을 위해 강단에 서서 마이크를 잡고 말하면 하울링이 울리듯 내 목소리가 다시 내 귀로 들어오는데, 나는 아직도 적응이 잘 안 된다. 그런 메아리를 듣지 않고 말할 수는 없을까. 내용과 전달에 집중을 못하고 내 목소리에 귀를 기울이다 보면 결국 내용이 산으로 가는 듯 정리가 안 되고, 그 발표는 망치기 일쑤였다.

가끔 얼굴 근육과 입술을 연신 비비고 문지르고 마사지하면서 크게 입을 벌려본다. 그렇게 입가의 근육을 이완시켜 말의 속도를 빨리 해보려고 노력해도 결과는 비슷하다. 언제쯤 내 말소리가 듣기 편해질까. 노력으로 그게 가능하다고 해서 매일 연습하고 있다. 오늘도 두꺼운 입술과 빳빳한 근육으로 뭉쳐지고, 넓고 큰 얼굴을 부드럽게 풀어 본다.

나를 사랑하는 방법은 여러 가지가 있을 텐데, 자신의 목소리부터 사랑하면 좋겠다. 나는 잘 안 되지만 그게 얼마나 필요한지 잘 알기 때문이다. 그게 어눌하든 그렇지 않든 간에 사람들에게 전해줄 수 있는 유일한 수단이면서, 버릴 수 없는 내 전부이기 때문이다. 이것 때문에 내가 대접 받지 못하는 게 아닌지, 일종의 열등감일 수도 있다. 부족함도 넘침도 없을 텐데, 시선이 내가 아닌 타인에게 쏠린 탓은 아닐까.

사실 내 말과 행동이 싫다고만 생각할 필요는 없다. 심리학자인 휴 렌 박사는 기억 저장소에 저장된 즉석사진을 찢어 버리려고만 할 것이 아니라, 모든 것을 사랑하라고 말한다. 그게 해결의 실마리를 푸는 첫 번째 단추라는 것이다. 과거를 무작정 억누르기보다는 기억을 사랑하라고, 나를 찾아내면서 자신의 삶까지 사랑할 수 있다고 말이다. 그렇게 된다면 얼마나 좋을까.

#4

아픈 사람이 제일 싫어하는 게 동정

~

지극히 사회적 동물인 우리는 그 안에서 위로도 받고, 때로는 살아갈 힘을 얻기도 한다. 가끔 상처를 받기도 하는데, 가장 큰 상처는 자신과 가장 가까운 누군가로부터 온다는 것이다. 강남역 11번 출구 앞에는 가슴이 바닥에 닿을 정도로 무릎을 꿇고 있는 허름한 차림의 사람이 늘 그 자리에 있다. 사람들은 지나칠 때마다 아무런 생각 없이 그저 무심한 표정을 지을 뿐, 진정으로 그 사람의 행동이나 사연에 대해 관심을 두진 않는다.

작가 겸 칼럼니스트로 활동하고 있기에 많지는 않지만 각종 단체에서 원고 청탁이 들어온다. 기억에 남는 프로젝트 하나는 문화체육관광부에서 주관한 '다양성'이라는 주제의 칼럼이었다. 주제가 정해져 있으니 어떤 이야기를 쓸까 고민한 끝에 장애인의 모습을 다뤄 보기로 했다. 그렇게 패럴림픽 '보치아' 금메달리스트 최예진 선수와 그녀의 어머니 문우영 코치를 만난 건 얼마 전 일이었다. 물론 언론을 통해서 보아왔던 비인기 종목인 보치아를 좀 더 알 수 있을까 하는 호기심도 작동했다.

인터뷰가 끝난 후 이런저런 이야기를 나누던 중 최예진 선수는 말했다. "아픈 사람이 제일 싫어하는 게 동정이에요." 무엇이 사람을 아프게 하고, 사람의 가슴을 멈추게 하는지 이 한마디로 이해할 수 있었다. 사실 장애인에게 사람들의 도움이 필요한 건 분명하지만 가난할 거라는 선입견을 가지고 조건 없는 동정의 대상이 되어서는 안 된다. 그러나 우리는 쉽게 그런 오류를 범한다. 그런 불편한 동정 하나만으로도 장애인과 소수자의 마음은 굳어지고, 집 밖으로 나갈 용기를 갉아먹게 된다.

내가 다른 누군가보다 조금 더 우월하다는 무의식 속에 타인을 자신의 도움이 필요한 존재로 여기는 경우가 있다. 이것은 일종의 오만이기도 하고, 편견일 수도 있다. 누군가 도움이 필요하다면 그 이상의 행동이 때로는 무례하게 느껴질 수도 있다는 얘기.

일부 사람들은 과한 행동으로 자신의 봉사를 포장하거나, 사회를 읽는 눈이 높은 것처럼 말하곤 하는데 이것은 한낱 과시에 불과할 수 있다.

나도 한때는 사회의 빛이 되어 보겠다는 젊은 열정이 있었다. 보육원을 후원하면서 어린 남자 학생을 소개받아, 삼촌과 같이 의지할 수 있는 기둥이 되어 주는 역할을 맡았다. 주말에 함께 외출도 하고, 학교 생활에 대한 어려움은 없는지 가족의 울타리를 경험하게 해주는 봉사였다.

나는 그 일을 오랫동안 해나가지 못했다. 기대가 큰 아이에게 최선을 다하지 않고 있는 나를 발견하면서 서서히 끝낼 방법을 찾았다. 처음부터 신중했어야 하는데, 시작만큼의 열의는 사라졌다고 해야 할까. 그렇게 마지막 인사를 나누고, 나의 소심했던 봉사는 아쉬움을 남기고 끝마쳤다. 시간이 꽤 지났는데도 그 아이의 목소리가 떠올라 마음이 아프다.

"삼촌, 언제 또 올 거예요? 이번주 주말에 올 수 있어요?"

일상에서 겪는 많은 경험치들이 비록 대단하지 않더라도 사람과의 관계에서 내 행위가 동정으로 번지는 이유는 과도한 열정이 빚어낸 우월감일 수 있다. 나는 이것을 사회현상 속 무의식이라고 생각한다. 그렇다면 지하철역 앞에 엎드려 있는 그 사람이 과연 노숙인일까, 아니면 인생철학을 공부하는 방랑자일까. 어느 누구도 정의할 수 없다.

박카스 상자 하나만을 덩그러니 던져 놓고 눈을 감으며 깊은 생각에 잠긴 그 중년이 지나가는 사람에게 바라는 것은 무엇일까. 단지 동전 몇 닢, 지폐 몇 장을 원하는 것일까. 사람들이 자신에게 던져 주는 희망의 에너지를 원하는 것일까. 여러 가지 의미를 봤을 때 그 사람에게 몇 장의 지폐는 자신의 삶을 바꿔 놓을 희망의 불씨가 될 수도 있다. 동정이란 그런 거라고. 그러니 돈을 박카스 상자에 넣을 때는 소중하게 다뤄야 하는 게 아닐까.

#5

그냥 내 이야기를 들어주면 안 돼?

~

첫 책을 내고 나니 이메일이나 SNS를 통해 들어오는 상담이 나름 꾸준하다. 대부분 일상 속에서 받은 상처를 안고 있었는데, 그 깊이가 상처를 넘어 고통으로 보일 때가 있다. 혼자서 어떻게 하지 못해 결국 누군가의 도움이 필요한 건데, 한 번은 고등학교 선생님의 고민을 상담했다.

남녀 공학의 선생님인 그녀는 자신에게만 못되게 구는 한 남자 학생이 안쓰럽기만 했다고 한다. 조금만 방향을 잡아 주면 바르게 성장할 수 있을 것 같았지만, 그게 말처럼 쉽지 않았나 보다. 미운 자식 떡 하나 더 준다는 말처럼, 유독 못나고 부족해 보이는 그 학생에게 눈이 많이 갔다. 한번은 따로 불러 "조금만 열심히 하면 좋은 대학교에 갈 수 있으니 힘내자, 내가 도와줄게"라고 말했지만 학생은 "구질구질하게 왜 그래요"라며 받아쳤다.

그래도 포기하지 않고 자신이 가진 전부를 내어주려는 듯 아이에게 정성을 쏟았다. 그러면 그럴수록 아이는 조금씩 멀어져만 가는 걸 느꼈다. 그렇게 선생님은 자신이 아끼던 학생으로부터 상처를 입고 아파했다. 왜 다가가기만 하면 멀어지려고 애쓰는 걸까. 아마도 학생은 자신에게 다가오는 선생님을 어떻게 받아들이고 행동해야 하는지 몰랐을지도 모른다.

왜 그 학생이 유독 선생님에게 거친 모습이 빈번했는지 조금은 이해가 되었다. 나 역시도 학교생활만큼은 어느 아이 못지않게 복잡했고, 선생님과의 관계를 어떻게 하면 회복할 수 있는지 기억하고 있었기 때문이다. 나는 그 학생의 생각을 해석하고는, 앞으로 그 아이와의 관계를 서서히 정리하면 어떨까 조언했다.

쉽다고 생각해서였을까. 마치 선생님의 상황을 전부 이해한 것처럼 하다 보니, 말이 많아지고 불필요한 미사여구가 가미된 이야기로 선생님을 위로하려고 애썼다. 세상엔 절대 불변의 심리 원칙 하나가 있다. 전문 사기꾼이 아닌 이상 거짓된 이야기에는 눈빛이나 얼굴에 모두 나타나게 되어 있다. 무리해서 위로하려는 이야기들은 자연스럽지 않았고, 선생님은 부담스러워했다.

선생님은 어색한 목소리로 "작가님 그렇게까지 애쓰지 않으셔도 돼요"라는 짧은 한 마디를 하곤, 이야기 주제를 다른 데로 옮겼다. 나는 쥐구멍이라도 있으면 기어들어가고 싶었다. 책 펴낸 작가랍시고 상담을 해왔고, 사람들의 마음을 십분 이해한다는 자만심에 차 있던 모양이다. 자만이 아니라 어쩌면 완벽한 위로를 해주고 싶었는지도 모르겠지만 말이다.

가끔은 어쭙잖은 충고나 위로보다는 그냥 들어주고 고개를 끄덕여주는 게 더 힘이 되기도 한다. 사람은 자신이 겪어왔던 세계에 갇혀 그 세상이 지식의 전부인 듯 배배 꼬인 인생을 살아간다. 말을 많이 하기보다는 들어주고, 의견과 방법을 제시하기보다는 공감해 주는 게 필요한 이유다. 우리는 그 상황을 이미 알고 있고, 해결 방법 또한 그동안 자신이 해온 고민 속에서 찾았을 테니 말이다. 선생님은 나와 상담하면서 많은 걸 바랐던 게 아니라, 그저 자신의 이야기를 들어주기만을 바랐는지도 모른다.

#6

인정받지 못할 용기

~

우리는 사람과의 관계에서 멀어진다는 것에 두려움을 느끼고 있다. 어쩌면 사회적 동물이기에 느끼는 기본적인 두려움이자 외로움 아니겠는가. 동료나 친구들이 의도적으로 나를 배제하고 자기들끼리 즐거운 시간을 보낸 것을 다른 경로로 알게 된다면, 인간관계에서 낙오되는 것이 아닌지 불안해 하는 게 어쩌면 당연하다. 그렇게 모임에서 내가 소외될 때 나의 자존감은 바닥에 떨어지기도 한다. 하지만 사실 보잘것없는 사소한 일에 마음을 복잡하게 쓸 필요는 없다.

사람이 보는 눈은 다 똑같다고 한다. 그럼에도 불구하고 다양한 평가가 내려지는 사람이 있다. 이들의 특징은 일관성이 없다는 것이다. 대개 남의 기준에 쉽게 흔들리는 중심과 불안정함이 클수록 더욱 그렇다. 지금이라도 평가의 시선에 흔들리지 말고, 나만의 기준을 확고히 하며 일관성과 자신감을 가지면 좋겠다.

인간이 느낄 수 있는 두려움 중 하나는 바로 타인의 시선이다. 아니라고 말할 수도 있지만, 보통의 경우 다른 사람과의 비교 없이 살아가는 건 어렵다. 15년된 국산차를 운전하면 왠지 모르게 주차장 구석을 향하게 되고, 고급 외제차를 운전하면 왠지 모를 자신감에 자동차 브랜드가 나오도록 사진을 찍어 SNS에 올리는 건 어쩌면 누군가의 시선을 의식하는 대표적인 행위이다.

자신 내면을 찾기 위해 노력할 때 이러한 시선으로부터 자유로울 수 있다. 내 것과 남의 것을 비교하는 습관부터 바로잡으면 좋겠다. 내 삶의 방식을 보다 뚜렷하게 하고, 좀더 다양한 사람과 만나고 대화를 해보는 건 어떨까. 가끔은 산에 올라 여유로운 공기로 생각을 정화하고, 때로는 강가에서 지난 시간을 되돌려 보는 시간은 의미가 있을 것이다.

일반적으로 도전과 관련된 수많은 해석은 기본적으로 용기가 없다면 그 뜻의 철학적 개념은 퇴색되어 버린다. 비약적인 표현일 수 있으나, 그것이 동물의 세계나 고대 국가 이전의 모든 인간사에서 자신을 지키고 조직의 생존을 담보할 수 있게 만드는 기본 정신이 아니었을까. 그래서 하루를 생존해내고 있는 우리에게 도전정신과 용기를 따로 분리하기란 쉽지 않다. 조금 더 현실로 돌아와서 생각을 정리해 본다. 현재를 살아갈 자존감을 높여주는 용기는 무엇이 있을까.

우리는 언제나 외부로부터 가해지는 압박을 이겨내며 성장하고 생존해왔다. 그 원동력은 멈추지 않기 위해 도전하는 힘일지도 모른다. 도전하는 사람의 앞날은 밝게 빛나겠지만, 현재에 머무른 사람은 과거의 삶에 집착하며 후진하는 하루를 보내게 되는 것처럼 도전에는 여러 종류가 있다. 백발이 무성한 할머니가 손녀와 소통을 이어나가고 싶어 '스마트폰 뽀개기 수업'에 참여하는 모습은 아름답기까지 하다.

우리의 일상을 들여다보면 다양한 용기가 있다. 때로는 직장 상사의 터무니없는 업무지시에 "그건 아닙니다"라고 말할 수 있는 용기가 필요하고, 여름 피서지에서 강물에 떠내려가는 내 슬리퍼를 잡아 올리기 위해 뛰어들어야 하는 용기도 필요한 것이 우리네 삶이자 인생 아닐까. 알고 보면 나를 인정하는 자세에서 용기가 솟아나는 것 같다. 나로서 살아가는 그런 용기 말이다.

생일날 아침 일찍 일어나 카카오톡에 축하 메시지가 얼마나 도착했는지 확인하게 하는 그런 인정 욕구는 낯설지가 않다. 숨을 쉬고 살아가는 모든 생명체의 기본적인 사회생활 심리라고 해도 무방할 정도로 인정이라는 것은 자존감과 상당한 연관성이 있다. 자존감이란 자신의 존엄성을 타인으로부터 인정받는 것으로도 볼 수 있다. 나 하나의 존재감이 떨어지지 않는 에너지와도 같이 꽉 차 있을 때 인정받는다는 생각이 들기 때문이다.

가끔 인정받지 못한다는 생각에 우리는 바닥으로 떨어지는 자존감을 느끼며 추스르기조차 힘든 상실감을 맛보게 된다. 이때 우울증이 오기도 하고, 사회활동을 소극적으로 하게 됨과 동시에 결국 나의 가치를 스스로 망가트리며 다른 사람들로부터 멀어지는 악순환의 고리를 형성하게 된다. 반에서 10등 안에 들면 다음엔 5등 안에 들고 싶은 게 인간의 욕심이듯 말이다. 누군가에게 듣는 칭찬에 목마른 사람일수록 타인을 의식하는 행동으로 자신을 유지하는데, 자세히 보면 과부하로 인해 벌겋게 달아 오른 자동차의 엔진과도 같아 보인다. 이때 나 하나의 가치를 인정하는 암시가 중요하다.

그것 알고 있는가. 우리 각자의 삶은 고귀하고 찬란하다는 걸. 더 이상 나의 삶을 다른 사람의 눈과 귀에 의탁하지 말고, 자신의 생각에 중심을 잡고 살면 좋겠다. 인정받을 욕구가 없는 삶이 나를 윤택하게 해줄 수 있다고 믿고, 더 이상 다른 사람의 이야기에 솔깃하지 않았으면 한다. 어차피 인생은 내가 살아가는 것이고, 다른 사람은 내 인생에 큰 관심이 없다. 그런데도 타인을 의식하고 살아갈 이유가 있을까.

#7

누군가에게 흔들리지 않을 당신

~

나는 실패와 재기, 그리고 상처와 치유의 시간을 지나면서 인생에는 실패도 없고 상처도 없다는 것을 배웠다. 실패는 자신이 포기했을 때 실패라고 한다. 그러나 포기를 한다고 한들 인생 자체는 애초부터 실패가 없다는 것이다. 누군가가 만들어 놓은 실패의 기준에는 모순이 숨어 있다. 우리는 무엇을 해도 다시 시작할 수 있기 때문이다.

상처는 언제 생길까. 상처를 주는 사람은 그게 상대를 다치게 하는 줄도 모르고 누군가의 가슴을 후벼 파기도 한다. 단지 그 사람이 나를 존중해 주지 않는다는 실망감에서 기인한 심리적 상실감일 수도 있다. 그런 게 상처라고 말이다. 알고 보면 실패도 상처도, 모든 것은 스스로가 만든 구덩이일 뿐이다. 자칫 멈칫하는 순간 나도 모르게 깊숙이 빠져 버리는 그런 함정이다. 그래서 굳이 깊은 구덩이에 내 몸을 던져 빠져나오지 못하게 할 필요는 없다. 누군가에 의해서 흔들릴 우리가 아니기 때문이다. 그러니 걱정하지 말고 힘내자.

뉴스를 통해 금수저가 다이아몬드수저로 갈아타는 모습을 심심치 않게 볼 수 있다. 상대적 빈곤을 느낀다는 한 직장인은 이렇게 하소연한다. "왜 나는 저들 속에 들어가지 못하는 거지? 모든 게 잘 될 줄만 알았는데, 어디서부터 잘못된 걸까." 오늘도 많은 사람은 자신의 노력과는 관계없이 사회가 내어 준 실패의 영역에서 오늘도 넘어져 있다.

회사 가을 체육대회에서 나는 우리 팀의 마지막 주자로 이어달리기에 출전했다. 나는 이미 앞사람에 10m는 족히 뒤떨어지는 상태에서 바통을 이어받았지만, 그래도 눈썹이 날릴 정도로 앞만 보고 달렸다. 저 멀리서 우리 편의 응원소리가 희미하게 귓가에서 메아리칠 때 발을 너무 빨리 움직였는지 스텝이 꼬이면서, 왼쪽으로 휘어지는 커브를 진입하자 우당탕 앞으로 고꾸라져 버렸다.

찰나의 순간이라 아플 겨를도 없었다.

넘어졌을 때 '그냥 포기할까'라는 생각이 문득 떠올랐다. 이미 거리 차도 있었으니 내가 넘어졌을 때 사람들의 마음속엔 포기라는 단어가 싹텄을 수 있었다. 아마도 그러지 않았을까. 그러나 다행히 내 몸의 반응은 다시 일어나 뛰는 것이었고, 결국 더 힘내서 달리게 하는 원동력이 되었다.

사람들은 실패하는 것에 대한 두려움이 있다. 한 번 나락에 떨어져 본 사람과 그렇지 않은 사람의 차이는 여기에서 발생한다. 멈춰서도 다시 움직이기만 하면 끝난 게 아니라는 걸 알고 있기 때문이다. 마음을 흔드는 원인이 될지언정, 내 의지와 생각을 무너트리지는 못한다. 달리다가 중간에 넘어지면, 대부분의 사람들은 다시 출발선으로 되돌아갔으면 하고 생각한다. 넘어진 지점에서 다시 일어서기를 선택할 수만 있다면, 그 자리에서 다시 시작하면 되는데 말이다.

넘어질 때는 모든 걸 잃고, 다시는 뛰지 못할 것 같은 불안함이 따른다. 하지만 실제로 넘어져 보면 그게 별것 아니라는 걸 알게 된다. 그러니 넘어질 땐 그냥 확실히 넘어져도 괜찮다. 삶이 언제나 그렇듯 넘어져도 일어나기만 한다면 기회는 다시 찾아온다. 넘어졌을 때, 실패했을 때, 포기하고 싶을 때, 그때는 그냥 시원하게 넘어져 버리자. 그리고 다시 일어나 달리면 되니까. 그게 삶이고, 우리 몸속 깊은 곳에 심어져 있는 우리의 본 모습이다. 그러니 우리 좌절하거나 멈춰 서지 말자.

#8

걱정이 없어서 걱정이라면

~

걱정이 없어 보이는 사람이 제일 부럽다. 얼마나 홀가분할까 부럽기도 하고, 나도 그렇게 살아 보고 싶단 생각을 해봤다. 잠들려고 하면 떠오르는 해결되지 않은 사건들, 깊은 잠을 자다가 문득 떠오르는 관계에서 비롯된 문제는 사람을 가장 지치게 만든다. 어떻게 하면 걱정 없이 살 수 있을까. 타인과 부딪친 마음은 아직도 흔들리는데, 이제는 지쳐간다.

사실 걱정 없이 사는 사람은 없다고 한다. 다만 그 생각이 내 머릿속을 지배하지 않았을 뿐이다. 많은 생각으로 하루가 힘든 사람에게는 불안한 심리 상태가 일상을 지배하게 된다. 그래서 '이거 잘 될까?'라고 의심하며 불안이 가득한 심리 상태에서 시간을 보낸다. 그렇게 조금씩 진흙탕으로 빠져 드는지도 모르면서. 김이나 작사가의 《보통의 언어들》에서는 걱정을 이렇게 표현했다.

"걱정을 선택할 수 있다면 저도 안 하는 게 맞는 거 같아요. 사실 우리가 걱정에 사로잡히는 일들은 대부분 걱정으로 해결될 일이 아니에요. 오히려 그렇게 대단히 명확한 문제의 경우에는 그걸 우리가 몸으로 해결하고 다니느라 가만히 멍하게 걱정 속에 사로잡혀 있을 겨를도 없습니다. 사실 사서 하는 걱정들이 대부분이죠."

1분도 채 안 되는 짧은 시간 동안 오만가지 생각이 떠오를 때가 있다. 잘한 일보다는 해결되지 않은 것들이 주를 이루는데, 다른 행동을 하면서 떨쳐 버리려고 하지만 그게 쉽지는 않다. 좋은 책을 읽거나 근처 공원을 산책하거나 좋은 음식을 먹으면서, 좋은 상대와 함께 밝은 이야기를 나누며 잠시 걱정도 잊을 수는 있지만 또다시 떠오르는 게 걱정이다.

'이렇게 사는 게 일반적인 삶일까? 그렇다면 어느 정도면 참고 견딜 수 있을까?' 이런 생각이 늘어나는 나는 오히려 걱정이 없으면 걱정인가 보다. 편안한 마음을 가지려 노력하는 그것 하나로 만족하려고 한다. 아침 일찍 일어나 5분 정도 명상을 하고 나면 하루가 밝은 것처럼, 걱정도 하루의 일과라고 생각하면서 지내려고 한다. 몸을 움직이면서 생각의 멈춤이 걷잡을 수 없이 빠져드는 걸 조금이라도 벗어날 수 있도록.

조금 더 움직이며 지친 마음에 사로잡히지 않고 살아갈 수 있다면, 걱정하는 마음을 가질 겨를도 없다면 얼마나 좋을까. 어차피 인생은 내 각색처럼 흘러가지 않는다는 걸 인정하면 조금 더 자유로워질 수 있는데 말이다. 지금 이 순간을 벗어나려 발버둥 치지 말고 상황을 흘려 보낸다면, 거짓말처럼 아무것도 아닌 경우가 많기 때문이다.

바쁜 일상에서 벗어나고 싶은 게 어디 생각의 구속뿐일까. 제멋대로 얽히고설킨 실타래처럼 삶의 복잡함은 구조적으로 해결하기 힘들다. 그렇다면 매일 걱정만 하는 진력나는 걱정만이라도 없어야 하지 않을까. 쉽지 않겠지만 그렇게 살아가는 사람들이 많아졌으면 좋겠다.

#9

중심에 내가 있도록

~

"누구의 말에도 귀를 기울이고, 누구를 위해서도 입을 열지 말라."

- 윌리엄 셰익스피어(William Shakespeare)

가끔 보며 지나치게 말을 조심하면서 살아야 한다는 공통의 의식을 느낄 수 있다. 말 자체가 가지는 본연의 목표와는 다르게 마치 사회 속에서 해야 할 말이 정해진 것처럼 말이다. 물론 다른 사람을 의식하지 않고 말을 막 해야 하는 건 아니다. 그래도 자신의 생각을 너무 숨기지 않고, 때로는 담백하게 말하는 것도 필요하지 않을까. 왜 말을 쉽게 꺼내지 못하는지를 살펴보면, 다른 사람을 과하게 의식해 자신감이 떨어진다는 것이다.

상대방이 '내 말을 어떻게 들을까?'라는 내 무의식이 작동했을 때, 내가 하고 싶었던 본연의 말은 머릿속에서 급하게 가공된다. 물론 불편한 사실이나 이야기를 하는 것은 조심할 문제지만, 이것은 상대가 듣고 싶은 말을 하는 것과는 무관하다. 그렇다고 듣고 싶은 말을 위해 주제넘게 이야기를 한다면, 상대는 바로 알아차릴 수도 있다.

"자기소개 해보세요."
가장 많이 들어본 면접 질문이다. 이 질문에 대답하기 위해서 우리는 면접 대기 상태에서부터 얼굴은 이미 경직되어 있고, 똑바른 자세로 법원에 출두하듯이 결연한 모습을 하고 있다. 휴대폰을 보면서 자신이 준비했던 질문과 대답을 연습하거나, 굳어지는 얼굴 근육을 이완시키기도 하고, 화장실을 몇 번이고 왔다 갔다 하면서 긴장을 풀기 위해 노력해 본다.

자신뿐만 아니라, 가족의 생계를 책임져야 한다면 그 긴장감은 배가 되기도 한다. 그렇다고 해서 혼자의 삶을 살아가는 청년들의 긴장감이 낮은 것만도 아니다. 그렇게 면접을 준비한다는 건 보통의 일이 아니다. 짧은 시간 동안 자신의 생각을 좋은 표현력으로 최대한의 호감을 얻어야 하는데 이런 일은 여간 어려운 작업이 아닐 수 없다.

그것을 잘 알고 있는 면접 참가자는 감당하기 힘든 스트레스와 혈류를 팽창하는 초 긴장 상태에 빠지게 된다. 요즘 사람들은 왜 이렇게 말도 잘하는지, 옆 사람과의 경쟁이라는 건 또 다른 부담으로 다가온다. 특히 경쟁자의 면접 실력에 주눅 들기도 하고, 면접관의 돌발 질문에 머릿속은 하얗게 변해 버린다. 그런데 사실 그럴 필요가 없다. 김태호 PD는 이렇게 말했다.

"면접 볼 때 앞에 방송국 국장님, 이사님, 사장님이 앉아 있지만 사실 제가 입사를 해야 사장님이지 떨어지면 그냥 동네 아저씨보나 못힌 분인데, 내가 왜 굳이 여기서 떨고 있어야 하나 생각했어요."

알고 보면 면접이라는 게 그리 대단하지도 않다. 말처럼 쉽지만은 않겠지만. 떨어지면 어떻게 하나라는 걱정을 하기보다는 회사에 대한 궁금증을 해결할 수 있는 시간으로 만들 수도 있다는 것이다. 자신도 회사를 보러 나온 것이라는 점을 잊지 않고, 어떤 회사인지 알아갈 때 회사와 자신에게 옳은 방향으로 판단을 할 수 있다. 자신이 준비한 것 말고 잘 모르는 질문에 대해서는 모른다고 솔직하게 말하고, 최선을 다하는 게 전부가 되면 좋겠다.

저 사람이 나에 대해서 어떻게 생각하는지 머릿속에서 생각하고 있다면, 생각을 달리하는 게 좋지 않을까 한다. 다른 사람의 눈치를 보는 게 그것이다. 내 생각을 말하지만 굳이 상대의 기분에 맞추거나, 그 사람이 듣고 싶은 이야기가 아닌지에 대해서 확신을 갖지 못해서 발생하는 소심함일 수 있기 때문이다.

왜 상대가 듣고 싶은 이야기인지 의심하게 될까. 어쩌면 당당함과도 연관이 깊다. 그래서 내가 말하거나 행동하는 게 과연 나를 위한 것인지 상대를 위한 것인지 분명히 해둘 필요가 있다. 모든 행동의 중심에는 내가 있음을 잊지 않으면 좋겠다. 내가 행하는 모든 기준이 나를 위하고 있다는 건 자만도 아니고, 다른 사람을 힘들게 하는 것과는 다르니 말이다.

#10

나답게 살기 위한 조건

~

러시아의 소설가 투르게네프는 인간을 두 가지 유형으로 나누었다. 생각만 많지 쉽게 행동으로 옮기지 못하는 '햄릿' 형과 우스꽝스러운 존재에는 아랑곳하지 않으며 실수를 해도 저지르고 보는 '돈키호테' 형이다. 스페인 세르반테스의 소설 속에 존재하는 돈키호테 이달고는 녹슨 갑옷과 힘에 부치는 말을 타고도 용기와 실행력 하나만으로 자신의 존재 가치를 만들어낸다.

'낭만'이라는 단어가 돈키호테 소설에서 어떤 존재로 비춰지는지 살펴본다면, 주인공 이달고가 그만의 꿈을 이루기 위해 두려움 없이 움직이는 모습에서 찾을 수 있다. 행동력이 있다면 꿈을 꿀 수 있고, 때로는 그 꿈을 이룰 수도 있다는 걸 지켜보게 된다. 조금 억지스러운 주장일 수 있지만 결국 인간이 행복하기 위해 존재한다면 그 행복의 시작점은 꿈을 꾸고자 하는 간절함으로부터 시작된다고도 할 수 있다.

온전히 나답게 살기 위한 조건은 이처럼 복잡하게 느껴질 수 있다. 나답게 사는 것, 실수해도 저지르고 보는 이달고와 같이 소심한 삶을 접어 두면 좋겠다. 행동으로 옮기지 못하고 생각에서 멈춰 버린 삶은 다소 지겨울 수 있다. 그때마다 내 자존감의 게이지가 정상적인지 점검해 볼 필요가 있다. 현재를 확인할 수 있다면 좀더 진전된 삶을 살지 않을까. 이렇게 시작하는 인생은 결국 아름다울 수밖에 없다. 왜냐하면 앞으로 나갈 에너지가 꽉 채워지면 실수를 해도 저지를 수 있는 희망을 품게 되니까.

상담을 하다 보면 오히려 내가 상담의 대상이 되어 버리기도 한다. 어느 날 한 청년이 이렇게 말했다.
"저도 아직 나답게 사는 게 뭔지, 인생이 뭔지를 잘 모르겠어요. 근데 인생이란 게 '이런 거다!'라고 정의할 수 있나요? 굳이 남들 잘 먹고 잘 사는 거 비교하며 스트레스 받지 않고, 나 하고 싶은 거, 먹고 싶은 거, 즐기고 싶은 거 하며 사는 것 아닐까요.

내년이면 30인데 직장도 없고, 아직 백수고, 가진 건 여자친구밖에 없어요. 2년 만난 여자친구 어머님이 쓰러지셔서, 여자친구가 간병하는 거 간간이 도와주고 있는 게 다예요. 돈 모아둔 것도 없고, 집이 잘 사는 것도 아니고요. 근데 그냥 지금의 시간을 보내요. 항상 여자친구가 부르면 언제든 갈 수 있도록요. 어머님이 괜찮아지시면 직장을 구하거나 무엇이라도 해야겠죠.
나답게 사는 게 무언가요. 근데 이 질문을 보고 그런 생각이 드네요. 내 나이 이제 30인데 직장도 없고, 기술도 없고, 주위 사람들은 잘 벌어 먹고 지내는 것 보면 좌불안석이지만 나는 나의 상황이 있으니까 여기에 맞게 살려고 해요. 전 딱히 지금 상황에 엄청나게 스트레스 받지 않고, 그냥 놀면서 휴식하는 거 같아요. 인생 살면서 열심히 일할 때도 있지만, 어떤 상황이 오면 잠자코 기다려야 할 때도 있는 것 아닐까요."

결국 나답게 살아간다는 건 다른 사람의 눈치 안 보고, 내 생활을 받아들이는 것부터 시작한다는 것이다. 내가 가진 게 있건 없건 간에 그렇게 인정하면서 살아가는 게 나를 위한 삶의 기준이 될 수 있다는 말이다. 조금씩 버티다 보면 좋은 시간이 찾아오고, 내가 조명 받는 삶이 언젠가는 찾아온다고 믿으면 된다.

나로서 살아가는 그것 하나만으로도 모든 삶의 중심은 분명해진다. 짧다면 짧고 길다면 긴 일생에서 자신의 인생이 무엇인지도 모르고 살아가는 사람들이 얼마나 많은지 생각해보면 좀 더 확실해진다. 나라고 별 수 없겠지만, 그래도 나 한 사람의 존재를 스스로 인정할 수만 있다면 마다할 이유는 없으니까.

녹슨 갑옷을 입은 돈키호테가 힘겹게 발을 옮기는 말을 타고 풍차를 향해 내달릴 수 있었던 것은, 자신을 믿는 쉽게 흔들리지 않는 삶을 살았기 때문이다. 우리가 이달고에게서 느끼는 우스꽝스러운 모습은 단지 외형을 바라본 수박 겉핥기식의 편견에 불과하다. 누군가에게 흔들리지 않는 내가 삶의 중심이 될 때. 자신다운 모습이 내면에 잠자고 있다는 걸 믿는다면 삶을 원 없이 살아낼 수 있지 않을까.

#11

글을 쓰는 이유

~

심리학전공 상담사인 아내의 말에 따르면, 상담 중에 자신의 현 상태를 파악하는 자가평가가 중요하다고 한다. 개선을 위해서는 현재 상황을 알아야 하기 때문이다. 나도 이쯤에서 자가 평가와 현재의 심리 상태를 점검해 보니, 역시 욕심이 만들어 내는 자만과 베스트셀러라는 자다가도 벌떡 일어날 것만 같은 헛 꿈을 꾸고 있는 나를 발견한다.

큰일이다. 성공에 대한 잡히지도 않는 달콤함을 무의식중에 내 머릿속에 이식하고 있으니 말이다. 사실 단맛을 내기 위해 손때가 탄 책을 내는 게 우리가 글을 쓰는 이유는 아니지 않은가. 누군가 나를 작가라고 호칭한다고 내가 진정한 작가라고 말하기에는 아직 부족하다. 글을 쓰기 시작했지만 작가라는 이름이 정말 어울리긴 한 걸까.

가수 지누션의 션이 우연히 뉴욕 할렘가 뒷골목에 갔을 때 만난 길거리 흑인 래퍼에게 자기를 "랩하는 사람이지 아직 래퍼는 아니에요"라고 소개하며, 자기를 래퍼라고 하기에는 아직 부족하다고 말했다. 랩을 하는 사람들을 통틀어 래퍼라고 부를 수 있겠으나, 그들만의 세계에서는 래퍼라 함은 랩의 오묘한 리듬과 정신까지 이해할 수 있는 사람을 일컫는다고 그는 말했다. 마음에 와 닿는다.

나 역시도 그렇다. 글을 쓰는 사람이라고 말할 수 있으나 아직은 '작가'라고 불리는 게 다소 창피할 정도로 큰 사랑을 받지는 못했다. 내 이야기를 통해서 누군가에게 선한 영향력을 전달할 수 있다는 자신감이 확실하다면 그때 비로소 작가라고 말할 수 있을 것 같다. 아직은 내 스토리를 들려주고 공감하는 데 그치고 있으니 작가가 되어 가고 있다고 해야 할까.

"나는 글을 잘 쓰는 작가가 되고 싶어요."

"또 언젠가는 100만 독자가 있는 그런 작가가 되고 싶네요."

작가라면 글을 잘 써야 하는 것은 누구도 뭐라 할 수 없는 당연한 얘기다. 다만 글을 잘 쓰기 위해서는 그만큼의 노력과 상상력을 겸비해야 하는데, 늘 같은 마음이 되는 게 아니다. 작가가 글을 잘 쓸 수 없으면 책을 낸 사람이 아니라 타이핑을 잘 치는 속기사가 될 수도 있다. 그러나 마음은 작가가 된 듯하지만 몸은 늙은 하마처럼 드러눕고만 싶은 게 문제다. 갈 길이 멀지만 게을러지고, 손가락만 움직이는 자율형 AI가 된 듯하다.

맛있는 글을 써 보겠다고, 그리고 누군가에게 나의 작은 이야기를 들려주고 싶다고, 누군가에게 조그만 위로가 되고 공감이 되고 싶다고, 그거 하나만이라도 이루고 싶다고, 그렇게 작가가 되기를 시작했다. 잘 되어서, 혹시라도 난리가 나서 내 책 첫 번째 페이지에 이름을 크게 새겨 넣는 사인회를 해보고 싶다.

그게 말라가던 내 일생의 나뭇가지를 살릴 거라고, 그래서 써 보겠다고 나를 재촉했다. 나는 글을 써야 한다는 소명을 받았지만, 글을 쓰지 않아도 된다는 자유도 소유하고 있는 것처럼. 어느 쪽이든 나는 선택을 해야 하고, 그런 생각의 과정이 바로 고민인 것이다. 그동안 책을 읽는 독자로만 살아왔는데, 이제는 책을 내어 대중들에게 메시지를 주는 삶을 시작했으니 말이다.

저자와 독자라는 두 개의 영역에서 나는 저자를 선택했다. 그렇지만 과연 내가 글을 통해 사람들에게 해주는 이야기가 좋은 영향을 미칠 수 있을까. 가끔 무언가 남기겠다는 이런 생각 자체가 주제넘는 생각을 하고 있음을 알게 해준다. 션처럼 단지 내 글은 내 삶의 이야기가 담겨 있는 것이고, 그 이야기가 누군가에게 여운을 남기는 그것이 될 수 있기를 바랄 뿐이다.

#12

결정의 실패

~

오랜만에 회사에서 열심히 일했다. "직장인이여, 자기 몸값의 70%만 직장에 서비스하라"라고 말하던 내가 그 이상을 했다. 그래서 그런지 머리가 좀 아프다. 역시 머리도 써 본 사람이 쓸 줄 알고, 일도 열심히 해본 사람이 할 수 있는 것일까. 임상학적으로 정말 머리가 아프다. 소금으로 절인 솜사탕 덩어리가 전두엽 안쪽으로 5센치 정도에서 꽉 들어찬 느낌이다.

인생은 선택의 연속이라는 말이 있다. 매일 무언가를 선택해야만 하는, 기나긴 고민의 기로에 선 것이 우리의 삶이라는 얘기다. 그 많은 선택 중 항상 옳은 선택만 하는 것은 아니다. 때로는 실망을 넘어서는 실패의 선택을 하기도 한다. 그때 나를 힘들게 하는 시간과 고통은 쌓여만 가고, 후회로 며칠을 지새울 수도 있다.

얼마 전, 캐나다와 미국으로 출장을 가게 되었다. 쌈짓돈을 모아 자금을 준비하고 일정을 맞췄다. 자문위원으로 있는 정부 단체에서 해마다 여는 콘퍼런스에 참가하기 위해서였는데, 문제는 출장 중에 발생한 오미크론이라는 새로운 변이 바이러스였다.

우리 정부는 해외에서 입국하는 모든 사람들에게 자가격리 10일의 조치를 단행했는데, 출장 시간과 격리 10일까지 더해서 회사에 출근할 수 없다는 얘기였다. 이건 너무나도 긴 시간이다. 출근해야 하는데, 오랜만에 느껴지는 멘탈 붕괴 사태에 나는 생각을 할 수 없을 지경에 이르렀다. 그래도 나는 선택해야 했다. 귀국 일정을 앞당겨야 하는지, 아니면 정해져 있던 일정을 소화하고 귀국할 것인지를 말이다.

나는 하루라도 격리 시간을 줄이고자 중도 입국을 선택했다. 그래야만 했다. 하루의 시간은 나에게 많은 문제를 야기하는 결코 짧지 않은 시간이었기 때문이다. 문제는 여기서부터였다. 비행기 표를 수정하는 과정에서 탑승 시간이 바로 내가 제출하기로 했던 중요 보고서 마감 시한과 겹쳤다는 것. 결국 제출조차 하지 못한 신세가 되었다.

몇 년을 쌓아 올린 성과물이었다. 잘 쌓아 올린 탑에 점 하나만 찍으면 되었지만, 한국과의 시차를 잘못 계산한 명백한 내 실수였다. 인터넷으로 전자 결재를 하려 해도 때마침 인터넷이 안 되는 비행기 안에서 나는 속만 태웠다. 두 손이 묶인 듯 나는 아무것도 할 수 없이 그저 비행기 천장만 바라보았다. 신이 있다면 지금이 도와주어야 할 타이밍인데, 결국 나타나지 않았다.

선택이라는 게 그런 건가 보다. 무언가 쫓기듯 하는 선택은 올바르게 할 수 없는 상태라는 것이다. 가능하면 기존에 계획했던 대로 진행하는 게 가장 좋다는 것과, 만약 스케줄을 변경하더라도 문제 발생 요지를 최소화해야 한다는 것이다. 이렇게 기본적인 것들을 건너뛸 만큼 머릿속은 새하얗게 흔들린 상태였다.

뭐 다들 그렇겠지 하면서 위안을 삼으려고 했지만, 쓰러진 고목을 다시 세우기란 쉽지가 않다. 차라리 무리한 일정 조정을 하지 말아야 했나, 역시 언제나 남는 건 후회인가 보다.

#13

열등감이란 단어 고쳐 쓰기

~

열등감을 가지고 태어나는 사람은 어디에도 없다. 살다 보니 이리 치이고 저리 치이면서 생기는 게 열등감이라고 생각한다. 다양한 상황에서 열등감을 키우기도 하는데, 그때는 주변 환경이나 자신의 외모가 크게 작용하기도 한다. 화목한 가정에서 사랑과 존중의 가치를 몸소 보여주신 부모님과 함께 자란 아이는 열등감을 가질 이유가 없지만, 그렇지 않고 만성 패닉과 결핍으로 성장기를 보낸 아이는 다른 사람과의 비교에 익숙해지면서 열등감을 키우기도 한다.

비교 의식은 자신을 힘들게 할 뿐만 아니라, 주변 환경을 더욱 악화시킨다. 세상에 완벽한 사람은 없으면서도 자신의 부족함은 너무나 잘 보이기 때문이다. 조금 더 완벽해지고, 옆 사람보다 우위에 서고 싶은 게 심리적 문제가 될 수 있다. 문제를 비교하게 되고, 자신의 결핍을 수치로 확인하게 되기 때문이다. 열등감으로 시작하는 비교는 자신을 버리는 것과 같다. 그래서 이런 아이의 사회생활은 순탄치 못하고, 부적응을 경험하면서 몹시 어려운 상황에 놓이게 되는 게 아닐까.

성인이 되어서 조금은 자신의 생각을 정리하고 발전시킬 수 있게 된다면, 문제를 개선해야 한다. 가장 먼저 해결해야 하는 과제는 자신의 콤플렉스라고 생각하는 부분을 사랑하는 것이다. 키가 작거나 코가 서양 사람의 그것처럼 높지 않고 낮아서 고민하는 외모석인 부분을 떠나서, 상냥하지 못한 나의 대인관계에 대한 문제의식이 있더라도 "나는 남 못지않은 따뜻함이 있어. 조금만 개선하면 돼"라고 긍정하면서 자신을 사랑하는 것이다.

중·고등학교에서 여러번 꼴찌를 경험해 본 나로서는 성장과정뿐만 아니라, 성인이 되어 사회에 진출한 후에도 열등감에 휩싸여 살아왔다. 조금 늦게 공부를 시작한 나머지, 자신에 대한 확신이 심각할 정도로 떨어지는 걸 느껴왔다고 해야 할까. 못 배웠고,

또 공부를 안 해봤다는 이유 하나만으로도 이렇게까지 나를 옥죄는 줄 몰랐다.

예를 들어 이렇다. 자격증 공부를 하면서 문제를 다 풀고도 마지막에 가서는 "암기능력이 떨어지는데, 내가 지금 기억하는 게 오히려 틀린 것 같아"라는 불안함과 찝찝함이 누구보다도 많았다. 내 앞에 있는 이 사람은 나보다 공부를 잘했고, 똑똑하겠지. 내가 알고 있는 게 어쩌면 잘못 알고 있는 것일 수도 있다는 생각을 했다. 그런 시간이 누적될수록 행동과 결과에 대한 자신감이 떨어졌다. 자신을 믿고 나아가야 하는데도 결국 자신감을 잃어 혼자 머리를 붙잡고 부족한 나를 원망해야만 했다.

자신의 삶에 만족도가 높은 사람일수록 물질적으로 보이는 것에는 마음을 크게 두지 않는다고 한다. 제아무리 사람이 주는 부담이 늘더라도 자신의 환경과 처한 상황을 비관할 이유는 없다. 말을 잘하거나 공부를 잘하는 친구를 볼 때마다, 일을 잘하는 동료를 볼 때마다 '나는 왜 이럴까' 하는 생각을 하게 되지만 우리는 모두 존재하는 것 그 자체만으로도 존중 받기에 충분하다.

자신에 대한 믿음이 부족할수록 타인에게 더 좋은 평가를 얻기 위해 또 하루를 힘들게 보내기도 한다. 이럴 때일수록 완벽할 수 없다고 인정하고, 많은 걸 내려놓으면 마음이 편해진다. 누가 무슨 생각을 하든, 자신을 사랑하는 사람의 행동과 목소리에는 남다른 기운이 스며들어 있다. 그런 방법을 아는 사람에게는 자신의 환경을 개선시킬 수 있는 기회가 반드시 찾아온다.

발전은 고사하고 매일 발생하는 대인관계의 부적응으로 사랑하는 방법을 잃게 된다면, 그게 사람과의 비교에서 시작되는 열등감이라면, 이제는 자신의 환경을 받아들이는 마음가짐이 달라져야 한다. 텅텅 빈 통장 잔고를 보더라도, 키가 작거나 얼굴이 크더라도, 누군가의 기쥰으로는 정반대의 미적 외모를 가지고 있더라도 말이다.

#14

기분대로 살 수 있다면

~

자기 기분대로 살아갈 수 있으면 그 인생은 정말 천국과도 같을 텐데. 그러나 대부분의 사람은 그렇게 살 수 없나보다. 나를 제외하면 모두가 타인이고, 타인과 나를 정립하는 게 바로 인간관계다. 그 안에서 사람과의 관계는 기본적으로 서로가 자신이 하고자 하는 모든 것들을 대부분 통제하면서 관계를 구축해 나간다. 즉, 자신의 기분이나 생각, 그리고 감정을 관리하게 된다. 그렇게 우리는 내 본능과는 상관없이 사회의 틀에 끼워 맞춰진 구성원임을 알아나간다.

가끔 자신의 감정 하나도 관리하지 못하는 나를 발견한다. 사소한 것에 화를 내거나 과도하게 반응을 하는 일들은 여러 번 발생했고 후회해왔다. 한 번의 폭발이나 싸움은 이미 이전부터 차곡차곡 쌓여왔던 내 감정의 평행수가 한쪽으로 기울었을 때 일어나는 연쇄반응이다. 이렇게 쌓인 감정은 어느 하나의 작은 기폭제에 크게 폭발하고, 타인과 불쾌한 시간이 연장된다.

"어리석은 사람은 기분을 드러내고 현명한 사람은 기분을 감춘다."
– 《기분이 태도가 되지 않게》

기분과 감정을 관리하면 현명하다고 평가할까? 물론 자신의 감정 관리는 나름 중요하다. 그러나 때로는 할 말은 속시원히 하거나, 기분 내키는 대로 행동해야 하는 순간도 있다. 적어도 나한테 민은 그런 표출의 의식이 잘 작동하는 듯하다. 감정을 무작정 억누르면 누적되어 더 이상 복구하지 못할 마음의 병이 내려앉을 수도 있다는 것을 잘 알기 때문이다.

자신의 감정을 숨기려고만 하지 말고, 시기적절한 표현으로 나의 존재를 확인 할 수도 있다. 물론 화내는 것과는 다르다. 모든 사건을 내 기분대로 대처할 수 없는 게 현실이기도 하지만 절제된 감정으로 사람을 대하는 것도 필요하다. "기분 안 좋은 거 너무 티 내지 마세요"라고 대놓고 말하는 사람은 거의 없겠지만, 굳이 말하지 않아도 그 사람에 대한 평가는 이미 바닥에 있는 것과도 같다. 이렇게 감정을 표현하는 것과 화를 쏟아내는 형태의 차이는 미세하다.

새 책을 집어 들어 빳빳하고 올곧은 책장 하나하나를 넘기면서 미소를 멈출 수 없다. 아직 읽지도 않았지만 왠지 책 하나 샀다는 이유만으로도 무언가 해낸 것 같이 얼굴은 밝아진다. 이렇듯 즐거움에 기인한 표정은 환하다. 그러나 가끔은 무표정이 편할 때가 있다. 서로 잘났다고 말하는 곳이 사회이고, 그 집약이 학교이자 회사 아닌가. 아무리 학교와 사회가 서로의 다름을 인정하는 시대에 접어들었다고 해도 아직 사람이 느끼는 다름의 크기를 적응하기에 시간은 필요해 보인다. 자신의 기분이나 생각, 감정을 관리해야만 하는 그런 삶속에서 스트레스는 쌓여간다.

사람들과의 관계는 진전하지 못하고 오히려 뒤로 물러서는 것처럼 느껴질 때가 있다. 여러 생각의 구덩이에 정리되지 못한 심리 상태는 결국 기분이 태도로 변하는 걸 경험하게 된다. 내가 어찌할 수 있는 건 아니지만, 그렇다고 그게 나에 대한 평가의 대부분이 되어서도 안 된다.

"일을 아무리 잘한다고 해도, 결국 사람에게 평가받는 건 태도의 문제인 것 같아요."

함께 일하는 동료가 식사하면서 말해 주었다. 바라봐야 할 곳은 다른 데 있다는 것. 나는 조금 다른 생각을 해봤다. 옳은 말이 버릇없다고 해도, 그것은 말을 배달하는 과정의 문제이지 본질은 아닐 텐데. 실제 본질을 파악해서 나에게 주어지는 깊은 메시지를 볼 수 있으면 얼마나 좋을까. 모두가 그렇게 되면 좋겠다.

위로

#1

원래 그런 거니까

~

"오르막길이 끝나면 시작되는 게 내리막길이야."
"자전거가 가장 재미있을 때는 내리막길을 달릴 때지."
"그 시간을 위해서는 오르막길에 올라서야 해."

자전거에 흠뻑 빠진 친구는 말했다. 오랜만에 안부 전화하는 데 느닷없이 이 이야기를 나에게 해주고 싶었던 모양이다. 어깨가 처진 내가 안쓰러웠는지 친구의 말에는 힘이 실려 있었다. 사실 그렇다. '요즘처럼 살아가기 바쁘고, 한숨 돌릴 여유가 없던 시절이 있었을까'라는 생각이 들 정도이니 말이다. 경제위기 때야 먹고살기 힘들다고 할 수 있었지만, 지금이 그런 시대는 아니니까.

아마도 조금 지친 것 같다. 함께 일하는 후배는 "선배님, 매일이 지옥 같아요. 하나를 해결하면 또 하나가 생기니까 정말 미치겠어요"라고 말한다. 나는 "야, 원래 그런 거야"라고 말하고는 바로, 어디에서 배웠는지 꽤 쓸모 있는 영어 단어를 써먹었다. "Hang in there. 알겠지? 인생은 그냥 존버야." 내가 배우기로는 이 단어는 등산하던 누군가가 절벽에 떨어질 만한 상황에서 간신히 나뭇가지를 잡고 버티고 있을 때 해준 말이라고 한다. 벼랑 끝이지만 그래도 조금만 버티라고.

이렇게 말하는 나도 매일을 버티고 있는 것일지 모른다. 일과 사람에 치이고, 감정에 상처받는 일이 결코 줄어들 것 같지 않은 상황이다. 예측할 수 없는 결말이라고 해야 할까. 이상한 나라의 앨리스에 나오는 물약의 효과처럼 내가 생각하는 것과 정 반대의 결과만 생기니까 말이다.

'원래 그런 거니까.' 신통한 문장이다. 마법의 지팡이 같은 이 한마디가 모든 상황을 단번에 정리한다. 상대가 아무리 얼토당토않은 궤변을 쏟아내도 웬만해선 토를 달 수 없다.

-《언어의 온도》中

누군가 인생이 왜 힘드냐고 묻는다면, 나도 원래의 삶이 힘들다고 말해주고 싶다. 왜냐하면 원래 삶이 그런 거니까. 그게 그런 거니까. 작가는 누군가에게 듣는 이 말이 신통하다고까지 말했지만, 나는 나에게 이렇게 말하고 있다는 것이다. 스스로 받아들이며, 그렇게 숨죽이고 버티기 위해서 말이다. 왜 삶이 힘든지를 속 시원히 알려줄 수 있는 사람이 없다는 게 지친 나의 늘어진 어깨를 더 힘들게 한다. 나 하나 건사하기도 바쁜 삶이 그렇게 나를 더 아프게 한다.

친구는 자전거를 통해 새로운 삶의 활력소를 찾은 것처럼 인스타그램에 수시로 라이딩 풍경을 올리며 사람들과 공유한다. 나도 살짝 하트 하나를 남기며 부러움을 애써 감추기도 하지만 가끔 친구의 계정을 보면서 느끼는 점은, 친구가 너무 행복해 보인다는 것이다. 라이딩만 즐기는 게 아니라, 자기만의 장소에서 느끼는 여유로움이라고나 할까. 휴식시간에 유명한 카페에서 즐기는 커피 한 잔의 여유로운 풍경을 자전거 타는 모습보다 더 많이 올린다. 뭐, 자신이 라이딩을 하고 있으니 사진을 찍을 수 없어서도 그렇겠지만.

여유가 사라져 가는 요즘, 언제쯤 내리막을 볼 수 있을까. 친구에게 "그때 전화로 나에게 했던 말, 무슨 의미야?"라고 물었다.

"으응, 있잖아. 너는 잘하려고 너무 애쓰는 거 같아. 애쓴다고 다 되는 게 아니잖아. 조금 천천히 가면 좋겠어. 천천히 올라야 언덕의 아름다움도, 그리고 내려갈 때의 여유로움도 추억으로 남으니까 말이야."

작게만 느껴졌던 친구는 나보다 훨씬 큰 사람이었던 것 같다. 그래, 너무 애쓰지 말자.

#2

비로소 보이는 것들

~

- 미용실에 안 간 지 오래됐다 -

나는 미용실에 쉬러 간다. 머리 자를 때 잠시, 머리 감을 때 잠시, 그렇게 두 번에 걸쳐 눈을 감고 숙면을 취한다. 그게 가능할지 싶냐마는 나는 정말 편하게 쉬고 나온다. 내 머리를 자르는 디자이너는 나를 맡은 지 5년 정도된 것 같은데, 그럼에도 우리는 서로에 대해 묻지도, 궁금해 하지도 않는다. 서로 아는 게 없을 정도로 고객과 디자이너, 그 이상의 행동과 말은 없으니 부담될 것도 없어 더 좋다.

- 책 좀 보고 싶다 -

최근 책을 읽지 못했다. 나도 나름 현대를 살아가는 사람이라고 말하고 싶은지 회사일에 치이고, 사람들에게 치이고, 집에 오면 설거지에 치인다. 이런 것들을 다 합쳐 한 단어로 표현한다면 '바쁘다'이다. 나도 책을 읽거나 글 쓰는 시간을 만드는 것이 벅찰 때가 있다. 나름 작가인데 책이 눈앞에 없다니, 이제는 책을 좀 더 읽어야겠다.

- 책 냄새가 반가운 곳, 서점에 가다 -

오랜만에 강남 교보문고에 들렀다. 냉기가 꽉 찰 정도로 한산했던 시간은 지나고, 다시 사람들로 북적였다. 어쩜 이렇게 반가울까. 하루를 힘겹게 살아가는 사람들의 핏기 없는 모습조차도 그립기만 했었는데. 나를 설레게 하는 그곳에서만 맡을 수 있는 종이를 흰색으로 탈색시키기 위한 화학 약품의 냄새, 그것은 새 책 냄새라고도 하는데 나는 이 냄새가 너무나도 좋다. 매일 그 냄새만 맡으며 살 수는 없을까.

- 나를 인정하기 -

내가 사람들과 협력을 잘하는 것처럼 보여도, 사람들은 적당히 나에게 비위를 맞추며 지내고 있을 수도 있다. 비위나 맞추는 삶은 아무에게도 진심으로 존중받지 못하고 무시당하는 인생을 선택한 것인데, 내가 바로 그런 게 아닌지 반성할 성찰의 시간을 가져 본다. 그런 삶은 정말이지 행복해 보이지가 않는다.

- 오늘도 고민하고 있나 봐 -
망설이고 고민하는 건 결과를 유보한 사치에 불과하다는 것. 망설이는 것조차도 사치라면, 나는 지금 이 순간을 어떻게 보내야 할까. 분명한 것은 무엇을 해도 고민의 결과는 비슷하다는 것이다. 그러고 보면 어느 쪽이든 상관없으니 고민하는 게 아닐까.

- 잘 나갈 때 조심해야 하는 것들 -
자신이 이뤘다고 자찬하지만, 알고 보면 보이지 않는 누군가의 도움이라는 것을 알게 될 때가 있다. 개구리가 올챙이 적을 모르는 것처럼 현재의 승리감에 빠져 자신의 본모습을 잃어버릴 때, 이때 나와 함께했던 많은 사람들이 떨어져 나가는 인간관계의 오류를 범하게 된다. 뒤를 돌아볼 시간과 여유, 잘 나갈 때 뒤를 한 번만 돌아볼 수 있다면 얼마나 좋을까.

- 잘 보낸 하루이고 싶어 -
무엇으로 하루를 잘 보냈는지, 못 보냈는지를 가늠할 수 있을까.

즐거웠던 시간, 행복했던 시간을 종합해 볼 때, 내 행복지수가 평소보다 높다는 결론에 이르면 잘 보낸 하루라고 말할 수 있을까.

- 자신을 알기 위한 방법 -

자신을 남처럼 객관화시켜 바라보는 것이다. 나라는 사람을 저 앞쪽 테이블에 앉혀 놓고 다른 사람처럼 나를 바라보는 것. 그때 자신을 발견할 수 있고, 나라는 사람을 정의할 수 있다. 이러한 시각의 변화는 내 인생이 긍정적으로 변화할 수 있도록 돕는 훌륭한 기술이 될 수도 있고, 잘못하면 정신착란 증세에 빠질 수도 있다. 다만 나를 객관적으로 바라볼 수 있는 것은 나를 잘 알게 되는 지름길임에는 틀림이 없다.

- 아픔 이겨내기 -

버림받는다는 건 아픔이란 단어의 결정체다. 관계의 형성에서 전해 오는 삶의 가치를 극대화하는 인간일수록 더욱 고통스럽다. 사랑하는 사람에게 버림받거나, 관계의 완벽함을 자랑하던 타인으로부터 버림받기도 하지만, 무엇보다 가장 가까운 사람에게 버림받았을 때, 그때가 가장 아프다.

#3

행복이라는 이름

~

생각이 머무르는 곳에 내 인생이 있고, 현재 내가 불행하다고 생각하는 대부분은 내가 만들어 놓은 환경이다. 무엇이 우리의 인생을 바꾸려 하고, 잘 살아 보려는 생각을 갖게 하는 걸까. 행복이라는 무형의 가치를 향유하고자 하는 욕구일 수도 있다. '행복하면 안 될까'라는 생각이 전두엽 인근을 강타하는 게 과연 나쁜 일까. 행복을 우리가 찾아내거나 가질 수 있다면 과연 어떤 노력을 필요로 할까.

행복도 즐거우니까 행복이라고 말할 수 있는 거다. 그 전에 자기가 무엇을 원하는지, 어떤 삶을 살고 싶은지를 파악하고 실천해 나가는 게 선결 과제가 될 수 있다. 무엇보다도 자신이 원하는 게 무언지를 찾기 위한 자기 결정권을 확장해야 하는 게 중요한데, 그러기 위해서 혼자만의 시간을 갖는 것도 현명한 방법이다.

행복해지고 싶다면 조금이라도 움직여야 한다. 방 안에 갇혀 지내면 지능이 떨어지고 확 트인 자연을 바라보면 머리가 개운해지는 건 당연하듯, 확장된 생각은 자유를 주고 행복을 향유하게 해 준다. 하루 한 시간만이라도, 일주일에 하루만이라도 자신에게 휴가를 주어 바쁜 일상에서 완전히 벗어나는 자유 말이다.

그만큼 행복이 인생에 미치는 영향력은 말로 표현할 수 없다. 삶의 목표란 이루기 위한 노력이 필요한 것이고, 우리는 평소에 이러한 노력을 기울이며 살아가고 있는 것이다. 굳이 노력하고 쫓아야 잡을 수 있는 대가가 행복이 아니듯, 평소 작은 일에 감사하고 즐거움을 느낀다면 그것이 인생이고 살아볼 만한 삶 아닐까. 작은 데에서 행복을 느낄 수만 있다면 말이다.

분명한 게 있다면 행복은 기쁨의 크기가 아니라, 빈도 수에 있다는 것이다. 행복이라는 것은 무언가를 지속적으로 해 나감으로써, 그곳과 가까워진다는 믿음과 함께 빈도를 늘려 세상을 바라보는 그런 삶이다. 때로는 어린 아이가 느끼는 행복이 바로 우리의 작은 모습에서 기억되듯 아이의 눈으로 세상을 볼 수 있길 바라기도 한다.

아이들이 느끼는 행복이 무언가 다를까. 얼마 전 엄마와 아이가 함께하는 모임에서 아이들에게 물었다. "가장 행복했던 순간이 언제일까요?" 그중 한 아이가 말했다. "엄마가 클로버 꽃으로 화관을 만들어 씌워 주었을 때가 생생하게 생각나고 행복했어요." 또 다른 아이는 "산에 올라가다 너무 덥고 힘들어서 근처 개울가에서 신나게 물장구치고 가재 잡던 순간이요"라고 답했다. 가슴이 왜 이렇게 시리고 아프고 뜨거워졌을까. 나는 눈물이 돌며 울컥했다. 그런 게 바로 행복이라고.

행복이 중요한 이유야 두말할 필요가 없을 정도로 우리는 수많은 매체를 통해 방법을 소개받고 있다. 정작 행복은 근처에 있다는 걸 까맣게 잊어버리면서 말이다. 그것 하나 하나가 행복이었다는 걸 왜 우리는 모르고 살아가는 걸까. 아니면 아이의 시각에서 느끼는 행복의 색깔이 때묻은 우리들 것과는 정말로 다른 거라서 그런 걸까.

따뜻해지는 가슴이 오늘만이 아니라면, 언제라도 기억할 수 있는 소중한 시간이 근처에 있음을 기억하면 좋겠다. 먼 곳을 바라보며 동경하지만 모든 것은 눈 앞에 있다고 말이다. 한 번의 추억이 이렇게까지 가슴에 오래도록 남아, 행복의 기억을 갖고 사는 아이들이 부러운 이유는 무엇일까.

#4

여전히 당신을 기다리오

~

태어날 때만큼 비명을 지를 정도로 크게 다쳤다. 취미로 하는 동네 야구 경기에서 다른 선수와 충돌했다. 생전 처음으로 갈비뼈 두 대가 부러지는 중상을 입었는데, 그 느낌이 참 찝찝했다. 가족에게 알릴 수 없는 아주 바보 같은 상황에서 다쳤으니 보안 유지가 중요했다. 누구의 위로도 없이 아픈 걸 참아야 하는 게 여간 어려운 일이 아니었다.

"갈비뼈가 나간 것 같아요."

응급실 의사 선생님과 짧은 면담을 하고, 바로 엑스레이실이 있는 지하 1층으로 가 접수증을 받아들고 자리에 앉았다. 나는 누구의 간섭도 받지 않을 만한 뒤쪽 자리에 앉아 오른쪽 갈비뼈를 보듬으며, 배 속을 촬영할 고급 기계를 기다리고 있었다.

앞자리에 얼핏 봐도 70은 한참 넘어 보이는 노부부가 앉아 있었다. 할아버지는 건장해 보였지만 어딘가 불편해 보이는 게 치료를 위해 병원에 온 게 틀림 없었고, 함께 온 백발이 무성한 할머니는 걱정스러운 눈빛으로 할아버지 옆을 지키고 있었다.

얼마 후 엑스레이실 안에서 젊은 간호사가 카랑카랑한 목소리로 할아버지를 부르는 것 같았다. "○○○ 환자분~ ○○○ 환자분~ ○○○ 환자분~" 하고 호흡도 없이 세 번을 불렀다. 참 급하기도 하지. 대기하고 있던 환자 중 누구도 응답하지 않는 것으로 보아 자리에 없는 듯했다. 그 순간 앞자리의 할머니가 "○○○ 불렀어요?"라고 급해 보이는 간호사에게 물었더니 "지금 부른 분 이름이니 빨리 오세요!"라는 퉁명스러운 답변이 돌아왔다.

할아버지는 긴장하셨는지, 자신의 이름을 부르는 걸 잘 알아듣지 못했나 보다. 할머니는 할아버지의 오른손을 급히 잡아 올리고, 바로 엑스레이실로 밀어 넣은 후 다시 자리에 와 앉았다. 자리에 앉은 할머니의 옆 모습이 뒤쪽에 앉은 나에게 비쳤는데, 그 모습이 어찌나 따뜻하던지. 두 손을 깍지 낀 채로 위아래로 흔들며 엑스레이실을 바라보는 할머니는, 자신의 반쪽인 할아버지에게 아무 일이 없기를 바라는 눈빛이었다. 시선이 귀찮게 조잘거리는 옆 사람을 향할 수도 있었을 텐데, 한 번의 흔들림도 없었다.

엑스레이를 다 찍으셨는지 얼마 후 할아버지가 천천히 문을 밀고 나오자, 할머니는 벌떡 일어나 종종걸음으로 다가갔다. "나 여기에 있어요"라고 말하며 할아버지의 두 손을 잡아 다시금 내 앞자리로 와 앉았다. 그렇게 몇 분 동안 앉아 계시면서 얼마나 많은 이야기를 나눌지 그려졌다.

"여보, 조심히 엑스레이 찍고 오세요."
"걱정하지 말아요."

"몹쓸 기계에 당신 배 속을 다 내어 주었으니 좀 쉬어요."
"수고 많았어요. 여기 앉아서 좀 쉬어요."

사랑이라는 게 참으로 묘한 맛이 있다. 우리가 태어나면서부터 받는 부모님의 마르지 않는 사랑, 평생의 동반자와 함께 늙어가는 아련한 사랑, 연인들의 서로 눈빛만 마주쳐도 어쩔 줄 몰라하며 얼굴에 홍조를 띠는 푸른 초원처럼 때묻지 않은 사랑, 이 모든 것은 다르지 않다. 친구와의 사랑, 가족 간의 사랑, 이 모든 사랑은 나 혼자만 해서는 성립되지 않는 상대를 바라보는 것이다. 그게 바로 사랑인가 보다.

#5

하루살이도 할 말은 많다

~

어릴 적, 동네 초입에 있던 구멍가게는 여름이면 모든 사물이 모이는 곳이었다. 새로 입은 옷소매가 콧물로 반질반질해지도록 훌쩍이던 동네 꼬마들은 가게의 처마 밑 유리문에 붙여 놓은 아이스크림 냉장고를 그렇게도 사랑했다. 동물들은 구멍가게 가로등이 뿜어내는 노랗고 뿌연 빛을 삶이라는 목표인듯 서서히 모여들었다.

가로등 불빛은 해가 서산을 훌쩍 넘기면 서서히 강해졌다. 달빛이 절정에 이르는 저녁, 가로등 불빛을 향해 날아드는 하루살이와 날파리, 밤나방들은 그것이 자신들을 죽일 수 있다는 걸 알기나 하는지 여리고 여린 몸을 날려 가로등을 들이박았다.

"탁, 탁."

하루살이는 자신이 만난 첫 번째 불빛이 일생의 마지막이 될지 모른다는 듯 최후의 순간을 가로등과 함께했다. 나는 잠시 그 녀석의 머릿속을 들여다 보았다. 그들은 삶의 끝이 잠시 후라고 생각할까, 아니면 인간이 정형화시킨 시간과 달력으로 보는 몇 년 후의 일처럼 멀게 느끼고 있는 것일까.

하루살이가 전등에 빗겨 충돌한 흔적을 보면 자신의 일생에 최선을 다했다는 걸 알 수 있다. 불빛이 그들을 이끌면 아무런 대꾸도 없이 그저 할 수 있는 모든 걸 다한 게 아니면, 무엇이 삶에 최선을 다한 것이라고 할 것인가.

TV를 보면 수많은 사람들이 나온다. 셀 수 없을 정도의 인물들이 나타나지만, 결국 인기스타만 남게 되고 나머지 사람들은 기억에서 사라진다. 그렇게 잊혀지는 사람들이 과연 자신의 삶에서 최선을 다하지 않았는지는 아무도 모른다.

단지 대중에게 잊혀진 것뿐이지, 자신을 녹여낼 만큼의 아름다운 도전으로 살아왔는지 아니면 적당히 눈치보며 살아왔는지 알 수 있는 사람은 없다. 그게 사람이고, 우리들이 가진 이타적인 시각이다. 그저 "열심히 했고, 최선을 다했으니 후회 없어"라고 말하는 청년의 미소만큼이나 우리를 뜨겁게 만드는 게 무엇인가. 잠시 생각해 봤다. 그게 하루살이의 삶과 다른 게 있을까.

나는 자신이 그렇게 희망하던 불빛을 향해 몸을 던지는 하루살이만큼 찬란한 생명은 없다고 생각한다. 작은 죽음의 흔적을 남긴 게 그들의 마지막 유언일지라도 최선을 다한 그 삶은 지워지지 않듯, 남겨진 얼룩이 나의 노력을 보여줄 수 있다는 건 어쩌면 다행일지 모른다.

단 하루의 삶을 살아도, 자신의 몸이 무너지는 한이 있어도 자신이 할 수 있는 최선의 선택인 불빛을 향한 도전은 아름답다. 노랗고 희뿌연 가로등 불빛에서 불타 죽는 걸 두려워하는 나는, 오늘도 하루살이의 도전과 죽음 앞에 숙연해진다. 그저 최선을 다했을 뿐이니 그들의 죽음은 가치가 있었던 게 아닐까.

#6

생각에 자유를 선사할 때

~

생각이 복잡한 시대에 살고 있다. 각종 전자기기와 휴대폰은 화장실에서조차 다른 세계의 연결을 끊이지 않게 하고 있다. 쉬어야 하는데도 쉴 수 없는 환경에 놓인 현대인들은 어떻게 하란 말인가. 머릿속에 '생각해야만 한다'는 일종의 시스템적 압력을 이제는 줄여보길 바랄 뿐이다. 그래서 그런지 조용한 곳에 앉아 그냥 넋 놓고 앉아 있는 시간이 이제는 귀하기만 하다.

'멍 때리기'도 하나의 생존 기술로 자리잡은 세상에서 살고 있다. '멍 때리다'는 영어로 'brain fade'다. 뇌를 희미한 상태로 놔두는 걸 말하는데, 나는 학교에서 뇌가 희미한 상태에 놓이는 일을 자주 겪었다. 책상에 앉아 수학 선생님의 침 튀기는 설명을 듣고도 "너가 나와서 이 문제 풀어봐"라는 질문에 세상 날벼락이 떨어진 것과도 같은 충격에 휩싸인 것이 일종의 멍해지는 심리 상태다.

대부분의 멍은 뇌 기능이 일시적으로 멈춰 버리는 일종의 휴식시간인데, 실제로는 외부 충격에 의해서 일순간에 수만 가지의 연산이 작용하면서 '기능 과부하'가 발생해 더 이상 작동하지 않고, 자연 기능에 의해 잠시 휴식을 부여하는 것이다. 나도 모르게 얼마나 많은 시간을 버티며 하루를 보내고 있는지, 정신 기능과 뇌 세포 상태에 내가 해줄 수 있는 선제 조치로 생각의 자유를 허락해주는 것이다. 이런 멍 때리기를 무지하며 관리능력을 상실한 사회 부적응자의 일상 탈출이라고, 누가 말할 수 있을까.

"욕심을 내려놓으면 무리를 하지 않고, 무리를 하지 않으면 건강을 해치지 않고, 건강이 돌아오면 마음이 밝아지고, 마음이 밝아지면 작은 것에서 행복을 느낀다."

- 혜민

나는 자신에게 들려주는 나만을 위한 명상도 음악을 듣는 효과와 같다고 생각한다. 휴식과 떼어놓을 수 없는 것 하나가 바로 음악이다. 음악은 톤과 공감 능력에 있어서 인류 역사상 가장 성공적인 소통의 매개물이라고 볼 수 있다. 많은 인종과 다양한 언어가 존재하지만 말로 표현하지 않아도 소통 가능한 것이 음악이다. 그래서 음악은 태초부터 이어온 생존 영역이라고 말할 수 있다.

음악은 악기에 충격이 가해져 전해지는 음파만을 말하는 게 아니다. 귀를 닫고 생각을 멈추고 뇌파의 진동에만 의지해 숨 쉬는 행위도 일종의 음악을 듣는 것과 같다. 악기의 소리와 함께 생각이 멈췄을 때 우리의 정신은 가다듬을 수 있다. 그래서일까. 동물 간의 소통에도 음은 중요한 역할을 한다. 비록 그들이 내는 음의 영역이 인간이 표현하는 음률과 다르다는 것을 제외하면 상호 소통의 일환이라는 건 이미 알고 있다. 고래의 음악은 긴 여정의 피곤함에서 묻어 나오는 장엄하고 긴 울림으로 남겨진다.

사실 음악을 들을 때 특별한 생각을 하며 듣는 경우는 많지 않다. 자신도 모르게 음률에 감정을 맡기고, 그저 영혼의 방향이 닿는 대로 따라가는 게 음악을 받아들이는 기본적인 자세 아닐까. 물론 전문적이거나 음악적 취향이 깊은 누군가에게는 그저 감상의 영역을 넘어서는 기술적 가치까지 바라볼 수 있기도 하지만, 우리가 음률을 대하는 능력은 지극히 원초적이라고 말하고 싶다.

세상에서 가장 성공한 F1 레이서 슈마허는 가속 페달만큼이나 브레이크를 밟는 것도 중요하다고 말했다. 속도를 줄일 줄 모르면 서킷을 벗어나 경기를 포기해야 하는 위험에 노출된다고. 그래서 적당한 위치에서 가속을 내기 위해서는 필요한 곳에서 속도를 줄여야 하는 것이다. 속도를 줄이는 것처럼 이제는 멈춤의 시간으로 엔진을 식혀야 할 때다. 사람들이 살면서 힘들어 하는 이유 중 하나가 자신이 감당할 수 없는 속도로 살아가기 때문이 아닐까.

바쁜 일상 속에서 자신을 위한 휴식은 살아가는 데 큰 힘이 된다. 과연 우리는 휴시이라는 말을 언제부터 사용했을까. 중요한 것은 쉴 때 충분히 쉬며 일하는 게 삶을 연장하고 인생을 즐겁게 사는 원동력이라는 것이다. 내 컨디션이 좋으면 함께 있는 많은 사람에게도 편안한 기운을 나눌 수 있는 것과도 같다. 잠시 하던 일을 내려놓고 눈을 감아 보면 좋겠다.

#7

행복을 주는 나만의 안식처

~

어렸을 때 읽었던 동화책 《파랑새》를 기억한다. 어느 누구도 파랑새가 밖에 있다고 말하지 않았지만 주인공은 파랑새를 찾아 나섰다. 아직도 내 머릿속에 남아 있는 메시지 하나는, 가장 아끼고 사랑하는 건 언제나 내 가까이에 있다는 것이다.

"집에 가고 싶지. 그런데 조금 늦게 들어가고 싶다."

직장에 다니는 선배는 일찍 퇴근하는 날이 있더라도, 집 앞에 주차하고 한참을 기다리다 느지막하게 들어간다고 한다. 이른 시간에 집에 들어가 사랑하는 가족과 함께 보낼 시간이 기다려지지 않았는지, 퇴근하자마자 샤워를 하고 곧바로 침대 속으로 다이빙을 하기 위해서란다. 나 역시도 세상에서 가장 편한 곳이 집이다. 하루 종일 밖에서 갖가지 복잡한 일들에 치여 녹초가 되는 나는, 집이란 나만의 공간에서 가장 편한 자세로 쉬고 싶은 게 사실이다. 누구의 간섭도 없이 편안하게 지내고 싶은 곳이 집이다.

선배의 말을 처음 들었을 때 나는 그가 이해가 되기도, 안쓰럽고 불쌍해 보이기도 했다. 어떻게 행복 덩어리인 가족이 기다리는 집에 일부러 늦게 들어갈 수 있을까. 사실 선배의 이야기가 가족, 그리고 사랑과 깊은 연관성을 찾기에는 다소 지나칠 수 있다. 잠시 떠나 있다고 해서 사랑하지 않는다고 말할 수는 없으니 말이다. 그게 사랑이라고, 자신의 안식처라고 말할 수도 있는데. 그렇다면 일 분이라도 빨리 돌아가고 싶었던 시절은 없었을까. 회사에서 동료들과 회식할 때 집에서 나를 기다리고 있는 가족을 떠올려 본 적이 있다면, 행복을 누릴 만한 사람임은 틀림없다.

행복이란 소중한 사람과 함께 있을 때에는 그 모습이 뚜렷하지가 않는다. 그래서 사람들이 가까이에 있는 행복을 놓쳐 버리는 경우가 많은 이유가 아닐까. 위안을 삼는다면 이런 실수는 대부분의 사람이 저지를 수 있다는 것이다. 다만, 누구나 저지를 수 있다고 해서 나의 실수를 항상 만회할 수는 없다. 사람과 함께하는 시간이 많으면 많을수록 그런 바보 같은 일을 자주 만들어내기 때문이다.

행복을 주는 나만의 안식처가 어느 곳인지 말할 수 있다면, 그럴 수 있다면 그것을 지켜야 하는 건 당연하다. 가까이 있으면서도 멀리 있다고 착각하며, 밖에서 그것을 대체할 행복을 찾아 나서지 않게 해 달라고 기도해 본다. 다소 늦더라도 그 소중한 시간의 행복을 기억할 수 있도록, 그래서 가족과 함께하는 그 모든 걸 사랑하게 해 달라고 말이다.

내가 존재하는 이유가 행복해지기 위해서라면, 지금이라도 가까운 곳을 향해 능동적으로 변해야 한다. 가능하면 가족과 함께 보내는 시간을 늘리고, 사랑하는 사람과의 시간을 소중히 하면서 말이다. 밥을 먹을 때에는 잠시 휴대폰을 치워두고 대화의 시간을 가져 보는 것은 변화의 시작이 된다.

집에서 너무 자유로운 나머지, 나를 기다리고 있을 가족과 보내는 시간조차도 아깝게 느껴지는 걸까. 혼자 쉬고 싶은데 그러지 못하는 심리적 부채를 보상받고 싶어 하는 것일까. 퇴근 후에도 일부러 집에 늦게 들어가는 선배의 모습을 보며 행복을 가져다주는 파랑새가 집 안에 있다는 걸 모르는 게 아닐까 걱정이 든다. 나에게 가족과 행복에 관해 생각할 시간을 만들어 준 선배가 고맙다.

#8

잘 자라고 한 마디만 해주세요

~

"가끔은 잘 자라고 한 마디만 해주세요. 그 한 마디가 얼마나 따뜻한지를 모르신다면, 제가 알려드리겠습니다. 따뜻함을 넘어 가슴을 온기로 채우는 그 한 마디가 누군가를 살릴 수도 있기 때문입니다."

야근으로 지친 몸을 잠시 뉘였을 뿐인데 벌써 아침이 찾아온다. 힘겹게 이불을 밀쳐내고 씻는데, 잠시 거울을 들여다 보며 핏기 없고 의욕이 빠진 얼굴을 가진 나와 마주한다. 그래도 다시 힘을 내보려 하지만, 그게 쉽지가 않다. 그렇게 시작하는 하루를 위해 현관문을 밀고 나가면서 나는 또 나로 시작하지 못하는 하루를 맞이하게 된다.

그렇게 하루가 지나갔다. 지친 몸을 이끌며 퇴근길 지하철 출입구 옆에 우두커니 서서 사람들의 희희낙락을 지켜본다. 오늘은 어떤 하루를 보냈을까. 그들은 나와 다른 하루를 보냈을까. 정말 행복하기에 행복한 모습을 하고 있는 걸까.

젊은 연인의 수줍은 대화에서 그 시절의 나를 발견한다. 한참 사랑을 나눌 때 했던 "잘 자요"라는 말을 잊을 수가 없다. 내 첫사랑은 잘 지내고 있을까. 좋은 사람을 만나, 내가 채워 주지 못했던 사랑을 맘껏 느끼며 살아가고 있을까. 여러 생각에 잠기며, 나만의 공간에서 누군가의 따뜻함으로 하루를 마무리하고 싶다.

정말 위로받고 싶은 요즘, 잘 자라는 한 마디만으로도 차디차게 얼어붙은 몸이 사르르 녹을 것만 같다. 우리는 얼마나 냉정하고 복잡한 하루를 버티며 살아가고 있을까. 자존심은 집에 놔두고 출근하는 거라고 최면을 걸며 살아온 날들만 기억난다. 과연 따뜻함이 무엇이라고 정의할 수 있을까. 외할머니 집 아랫목에 손을 깊숙이 넣었을 때 느껴지는 게 따뜻함의 전부라고 말할 수 있을까. 그런 게 사람에게서 느껴지는 따뜻함과 같다면, 그렇게 믿고 살아갈 수만 있다면 얼마나 좋을까.

외로워지는 삶, 어차피 하루는 혼자 쓰는 악보와도 같다. 나만이 그 음률을 찾아내고, 악보에 기록할 수 있기 때문이다. 자신만의 색깔을 찾아가는 시간은 그렇게 만들어진다. 잔잔하게 시작하지만 때로는 강렬한 클라이맥스가 보이기도 하고, 또다시 수줍은 이야기로 흘러드는 그런 악보. 세상의 모든 사람은 그들만의 음악이 있는데, 나 역시도 마찬가지라 믿고 싶다.

험난한 삶의 끝에서만큼은 아름다운 음악을 연주할 수 있는 듣기 편한 악보로서 남게 되기를, 그렇게 살아지기를 바라면서 하루를 버텨낸다. 아니 어쩌면 살아내는 것일지도 모르지만, 힘에 부치지만 언젠가는 멋지게 연주할 수 있다는 믿음을 잃지 않게 살아나갈 수 있다면 바랄 게 없다. 나는 그렇게 믿고 싶다.

사실 사람과 느끼는 온정이야말로 따뜻함의 전부라고 말할 수 있다. 유독 냉철하고 계산적인 삶 속에서 느끼는 따뜻함이야말로 나를 살리는 전부라 말할 수 있다. 그게 나를 살리는 힘이라고. 그래서 언젠가 내 노트에 악보를 그려 넣을 때, 그때 누군가가 딱 한마디만 해주기를. 잘 자라고.

#9

곁에 있어도 모르는 것들

~

아침에 부랴부랴 일어나 출근 준비를 하고 현관문을 밀고 나갈 적에 나를 배웅하는 사람이 하나도 없다고 해서 하루가 달라지지는 않는다. 우리는 매일 알 수 없는 정글을 개척하기 위한 무한 도전을 하며 이 시대를 살아가고 있다. 요즘 같은 불확실의 시대에 계획한 미래에 맞춰 일생을 살아가기란 정말 힘들다. 때로는 예상치 못한 일을 겪으며 어려움을 이겨내는 우리들 아니겠는가.

일본에서 온 아내는 입국한 날 나에게, 편지 봉투 하나를 내밀며 밀봉된 봉투에 담긴 의미를 설명해 주었다. '유언장'이라고 했다. 순간 풀려 있던 자세를 다잡게 되고, 마음가짐이 무거워졌다. 이별 없는 죽음의 서글픔을 알고 있어서일까. 불확실한 사회를 살아가는 우리 일생이 아쉬워서 그랬는지도 모른다. 잠시 다르게 생각해봤다. 나에게 만약 하루아침에 생사를 넘나드는 일이 발생한다면, 그래서 마지막으로 하고 싶은 얘기조차 전할 기회가 없다면 그보다 비극적인 인생은 없을 것이다.

마지막을 정리하는 한 장의 글은, 더없이 나를 편안하게 할 수도 있다. 그런 측면에서 본다면, 글로 나만의 이야기를 정리하는 것은 소중할 수 있다. 18조 원의 자산을 가졌던 고 이건희 회장이 그렇게 바란 것은 결국 삶이었다. 병상에 누워 누구와도 한 마디 나누지 못한 인생의 마감이 그래서 안타까웠던 게 아니었을까.

나와 가족이 현관문을 열고 나갈 때, 그 모습이 마지막일 수도 있다면 과연 그렇게 보내 주었을까. 나를 다시는 만나기 힘든 곳으로 떠나 보내야 한다면 가족, 친구 모두는 두 눈 비비며 나를 마중하지 않을까.

"오늘이 마지막일지도 몰라."
"그러니 잘 다녀와."

그렇게 마주친 내 가족의 모습과 한 마디는 그래서 쓸모 있는 하루의 시작이 될 수 있다. 때에 따라선 언제가 될지 모르는 마지막 순간을 눈으로 볼 수 없으니, 글을 쓰면서 마음을 정리하기도 한다. 글로 생각을 옮겨 적는 행위를 통해 내적 양식을 쌓을 수도 있고, 볼 수 있도록 보다 오래 남길 수 있기 때문이다. 실제로 자신의 생각을 시각적 양식으로 표현하는 것만큼 내가 남길 수 있는 사랑의 메시지가 큰 것은 없다.

최근에는 기후 변화로 자연재해가 빈번히 발생하고 있다. 자신의 부주의로 다치기도 하고, 때로는 외부 요인으로 생을 급작스럽게 마감하기도 한다. 죽음을 앞둔 이를 환송하는 사람들이 모여 앉아 마지막 순간을 함께하는 걸 '임종'이라 한다. 떠나는 사람이 외롭지 않고, 그동안 사랑의 결실을 죽음 앞에 모여든 사람들이 배웅하며 슬픔을 나누는 시간이다. 인간이나 동물이나 마지막 순간만큼은 함께하는 게 사랑하는 연인이나 가족으로써 해야 할 마지막 모습이다.

언제부터 우리가 사랑에 목말랐는지, 사랑을 잊어가며 살고 있는 건 아닌지 생각해 보고 싶다. 조금만 더 깊게 말이다. 친구, 애인,

형제자매, 부모님이 나에게 얼마나 소중한지 알 수 있는 길은 그리 많지 않다. 그저 동물적 감각으로서 소중함을 배워가고 있을 뿐이다.

"사랑해. 그동안 고마웠어. 고생했어. 좋은 곳에서 쉬렴."

소중한 사람이 지금 이 순간 나를 떠나려 한다면, 당신의 마지막 한 마디는 무엇이 되겠는가. 이별의 아픔 중 가장 큰 것이 서로에 대한 작별의 말을 전하지 못하는 것이라면, 그래서 사랑이 존재하는 세상을 품고 있다면 이별은 준비되어야 한다. 꼭 사랑하기를 바라는 마음에서 말이다.

"이 글을 보시는 분께, 내게는 멋진 삶을 살 기회가 있었지만 난 그 기회를 모두 날려버렸어요. 내 부주의한 행동과 불운 때문에 세상은 내게서 멀어졌죠. 그러니 이제는 내가 세상에서 멀어지는 게 도리예요. 여기 남는 게 가능하다고 느꼈다면 그랬을 거예요. 하지만 그런 느낌이 전혀 들지 않아요. 그래서 남을 수가 없어요. 난 사람들을 힘들게 할 뿐이에요. 줄 게 아무것도 없네요. 미안해요. 서로에게 친절을 베푸세요. 안녕."

《미드나잇 라이브러리》의 주인공인 '노라'가 세상을 포기하기 몇 시간 전 남겨 놓은 마지막 메시지다. 유언이라고 물질적으로 정리될 필요는 없다. 유언은 소중한 사람에게 미처 전하지 못했던 진심을 글로 남겨 놓는 것이다. "줄 게 아무것도 없네요. 미안해요"라는 짧은 이야기가 세상에 전하고 싶은 모든 걸 요약해 주는 것처럼 말이다.

죽음을 말하고 싶은 게 아니다. 마음이 정리된 행복의 시나리오를 말하고 싶다. 우리가 서로를 얼마나 사랑했는지와 이별의 아픔이 얼마나 큰지를 말이다. 그 사랑과 고통이 더 이상 당신을 아프게 하지 않기를 바라며, 그렇게 평소 유언장을 작은 흰 종이에 꾹꾹 눌러 써두면 하루를 감사하며 지날 수 있고, 사랑은 넘칠 수 있다. 한결 가벼운 마음이 들 것이고, 오늘 하루가 얼마나 소중한지를 깨닫게 될 수도 있지 않을까.

#10

맹목적 사랑

~

사랑도 맹목적일 때는 오래가지 못하고, 남김없이 부서져 더 이상 복구가 힘든 지경에 이른다. 국어사전을 보면 맹목적(盲目的)이란, 주관이나 원칙 없이 덮어놓고 행동하는 거라고 한다.

사랑에 빗댄다면 사랑하는 사람을 그저 하염없이 바라보는 것이다. 물론 왜 좋은지를 규명하기 힘든 경우는 있다. 이성 간 또는 동료와의 사랑도, 그 사람만을 변함없이 바라보기만 하는 그런 마음은 늘 아름답다. 그래서 사랑은 황홀하고 고귀한 것 아닐까.

연인 또는 배우자의 잦은 외도와 실망에도 그 사람을 사랑하기 때문에 떠나지 못하는 경우가 있다. 내 아이에게는 사랑한다고 하면서 옆 사람을 누르고 올라가야만 성공한다고 가르치거나, 자신의 실수를 쉽게 말하지 못하게 하면서 학습에만 몰두해 인격장애를 양산하는 부모의 그릇된 사랑도 있다.

내가 사랑하는 연예인이나 저명인사는 항상 옳다는 기준을 가지고 사는 사람이 많다. 문제는 이게 상황에 따라 바뀌는 고무줄 기준이라는 것이다. 사랑하는 존재로서 떫은 감이 되어 줄 수는 없을까. 아니, 앞으로 그 사람을 더 사랑하기 위해서 때로는 불편한 진실을 말할 수는 없을까.

그렇게 시작된 잘못된 사랑의 시작과 끝은 말로 설명할 수 없을 정도로 흉하다. 때론 좋은 사람으로 찍으면, 누가 뭐라 해도 변치 않는 일변도의 사랑은 그 깊이가 얕아 언제든 깨지기 십상이다. 그게 사람을 볼품없이 만드는 잘못된 사랑이라서 그렇다.

"우리 아이는 절대 그럴리 없어요. 친구를 잘못 만나서 그래요"라는 말을 많이 들어봤을 텐데, 정작 자신의 가정에 문제가 있는지를 바라보지 못할 때가 있다. 그렇게 실수를 인정하는 인지 능력이 부족한 환경에서 자란 아이는 또다시 누군가를 아프게 한다.

이기주 작가는 《언어의 온도》에서 위암 말기 판정을 받은 작은 체구의 백발이 무성한 어머니와 몸이 불편한 40대 아들의 이야기를 들려주었다. 어머니는 "나 때문에 아픈 건가 싶어. 미안해서, 내가 정말 미안해서 마음 편히 죽지 못할 것 같아"라는 말을 했다. 그래서 혼자 남겨질 아들이 바깥세상에서 살아갈 수 있도록 매일같이 걷기 연습을 시켰다고 한다.

캐나다 밴쿠버에서 살고 있는 이종민 선생님은 어머니가 간암 판정을 받으셨다는 걸 알았지만, 결코 내색할 수 없었다고. "나 너무 가슴이 아픈데, 아주 괜찮은 척했어." 함께 식사할 수 있는 시간이 얼마 남지 않았을 때, 어머니와 함께한 식사와 시원하게 들이킨 소주 한 병에 찢어지는 가슴을 막을 수가 없었다고 한다. 모자의 이런 맹목적인 사랑은 계산되지 않은 순수한 사랑이다.

사실 사랑이란 나눌 수 있는, 내가 가진 마지막 재산과도 같다. 생명이 어머니의 배 속에 잉태되는 순간 맹목적 사랑이 시작되듯, 생명은 사랑으로부터 시작된다고 믿는다. 아련함과 먹먹함을 남길 때 사랑이 진정한 모습을 드러내듯이 말이다. 잘못된 사랑이 아닌, 맹목적이더라도 따뜻한 사랑을 하고 싶다.

#11

추억이 뭐 그리 대단하다고

~

그녀는 강남 도곡동의 내로라하는 집안의 차녀였다. 아버지는 이름만 대도 알 수 있는 기업의 고위 임원이셨던 반면, 나는 경제적으로 독립하기 위해 혼자 고군분투하고 있는 고단한 청년이었다. 우연한 만남이 길어지면서 마치 미녀와 야수처럼, 그녀와 나는 서로의 격차를 알면서도 뜨거운 사랑을 시작하게 되었다. 우리는 주로 강남역 10번 출구 뉴욕제과 정문 앞에서 만나 바로 옆에 있는 KFC에서 치킨버거를 먹으며 사랑을 키워 나갔다.

두 손을 잡고 어두컴컴한 대로변 가로등 아래를 걸으며, 우리는 서로의 눈을 마주치기만 해도 "풉" 하면서 좋아 어쩔 줄을 몰라 했다. 그렇게 20분을 걸어 그녀의 집 앞에 다다르면 우리는 이산 가족이 헤어지듯 잡았던 두 손을 간신히 떨어트렸다. 그러고는 다시금 와락 껴안고 그녀의 이마에 입맞춤했다.

"잘 자, 내 꿈 꿔."

나는 당시 운동을 하고 있었다. 몸을 단련하는 운동 말고, 진짜 선수 생활을 했던 시절이다. 그녀는 운동하는 내 모습을 좋아했고, 나는 그녀의 사랑을 자양분 삼아 더욱 열심히 운동했다. 격한 운동을 할 때는 육체의 한계를 뛰어넘는 수준으로 정신을 단단히 무장하지 않으면 크게 다치는데, 그녀는 나를 지켜주는 수호신과도 같은 존재였다.

그렇게 우리는 사랑을 키워 나갔고, 첫 번째 겨울을 맞았다. 그녀와 나는 따뜻한 커피를 마시며 약속했다.

"우리 첫눈이 오면 뉴욕제과 앞에서 만나자."

"서로 연락하지 말고 만나자."

11월 말에 이른 첫눈이 내렸고, 나는 집을 뛰쳐나와 달렸다. "눈이 내린다." 우리는 누가 뭐라 할 것도 없이 서둘렀다. 그녀는 뉴욕제과 앞에서 두 손을 바지 주머니에 넣고, 입김을 불어대고 있던 나를 발견하곤 캥거루처럼 뛰어 나에게 안겼다. 우리는 행복감에 젖어 서로의 따뜻함을 나누었다.

영화를 보기로 했다. CGV가 있었지만 그때만 해도 충무로의 '피카디리 극장'이나 '명보극장'만한 곳은 없었다. 순간 검은색 단발머리를 한 여자가 하늘에서 쏟아지는 함박눈을 두 손으로 받치고 하늘을 바라보고 있는 모습의 영화 포스터를 보았다. 이와이 순지 감독의 〈러브레터〉였다.

우리는 극장과 대로변 사이의 리어카에서 판매하는 노릇노릇한 오징어 구이를 집어 들고 극장 안으로 들어갔다. 영화가 상영되는 두 시간 내내 서로의 손을 살며시 감싸고, 영화 속의 후지이 이츠키(나카지마 미호 분)가 겨울산에서 실족사한 애인을 찾아 나서는 장면을 보았다. 첫눈이 내리는 그날 그녀와 보았던 그 영화는 "오겡끼 데스까"라는 희대의 유행어를 남기며 화려하게 우리들의 추억 속에 저장되었다.

몇 개월 후 나는 입대하게 되었다. 군대를 가면 사랑은 밖에 두고 가는 거라고 했던가. 나는 그녀를 울타리 밖에 두었고, 그녀는 새로운 사랑을 찾아 떠났다. 죽을 만큼 힘들었던 한 달이었나 보다. 우수병사에서 관심사병으로 낙인찍혔으니 말이다. 그녀가 고무신을 거꾸로 신은 이유는 아직도 알 수 없지만, 군복을 입는 동안 그녀를 안심시켰어야 하는데 그러지 못한 내 잘못인 듯하다.

아이러니하게도 나는 지금, 그녀의 집 바로 건너편에 살고 있다. 운명이 나를 이끌었는지, 어떻게 하다 보니 이곳에 와 있다. 가끔은 예전에 걸었던 그 가로등 아래를 지나며 추억에 빠지곤 한다. "모든 게 그대로구나." 추억이 뭐 그리 대단하다고. 아내가 호기심에 찬 눈으로 내 이야기를 들어주니 고맙기만 하다.

#12

사랑은 받는 것보다 주는 게 더 아름다워

~

제아무리 낭만이 보이지 않는 시대에 산다고 해도 인생이 아름다운 건 부정할 수 없는 진실이다. 이탈리아 피오렌체 계단에 앉아 사랑의 꽃을 피우는 청춘의 대화 속에서 낭만의 그림이 묻어 나오기도 하고, 죽은 줄로만 알았던 민들레가 봄이 되자 활짝 피어오르는 모습을 보면서 자연의 낭만을 얘기하기도 한다.

그 모든 것들의 행위는 아름다움을 품고 있다. 서로 얼굴만 마주쳐도 "풋" 하면서 즐거워하는 청춘의 얼굴이 그래서 예뻐 보이는 것 아닐까. 어찌 보면 인생은 아름답기 위해 존재하는 듯하다. 세상의 사물 또한, 그 존재의 유무는 삶의 순환을 유지하기 위해 꼭 필요하다. 그렇지 않을까. 저명한 과학자가 풀어내지 못한다 하더라도 아름다움은 모든 곳에 존재한다.

부모님으로부터 받은 무조건적인 사랑이 찬란하기 그지없는 이유는 의무에 따른 게 아니기 때문이다. 그렇다면 우리는 사랑하는 방법에 대해 깊이 있는 고민을 해본 적이 있을까. 전승환 작가는 "사랑은 받는 게 아니라 참여하는 것이다"라고 말했다. 함께 해야만 아름답고 사랑의 의미가 커지기 때문이다. 마음을 흔들 만한, 생각해 보지 못했던 움직이는 사랑을 말한다.

진정한 사랑은 받을 때보다 줄 때가 더 아름답다는 것을 우리는 잊어버리곤 한다. 아이를 향한 부모의 사랑, 연인 간의 사랑, 자원봉사자가 세상을 바라보는 사랑도 마찬가지다. 나누어 주는 게 사사랑의 결정체라고 볼 수 있다면, 참여하는 것은 사랑의 완성 단계에 올라선 희망적인 이야기가 된다.

일을 마친 후 술잔을 기울이고 있는데, 후배의 휴대폰이 울렸다. 수화기 너머로 들려오는 큰 소리에 잠시 집중했는데, 대략 이런 내용이었다.

"엄마다. 연락도 없고, 그냥 궁금해서 전화해 봤다."
"별일 없으면 됐다. 바쁜 거 같은데 그만 끊으마."

부모님들은 왜 항상, 그냥 전화했다고 하는 걸까. 무언가 목적이 있어서 전화한 것처럼 자식에게 부담을 주고 싶지 않아서 그랬을까. 그냥 전화했으니까, 전화를 그냥 끊어도 된다는 죄책감을 주지 않으려고 그렇게 말하는지도 모른다. 자기가 무슨 대단한 사람이라고, 가족이 걸어오는 전화 한 통화도 달갑게 받지 못할 만큼 바쁜 것인지. 전화를 끊고 어김없이 찾아오는 미안함은 이제 만성이 되어가는 듯하다. 그렇게 자신을 지탱해 줄 사랑은 조용히 존재한다.

어떤 이에게 진정한 삶이란, 바라지 않는 일방의 사랑이 존재할 때 가능하다고 말할 수도 있다. 그 말도 백 번 맞는 말이다. 그러나 나는 같은 비율로 서로 바라보는 '참여하는 마음'을 사랑의 완성이라고 말하고 싶다.

가족이 함께 모여 서먹한 밥상머리에서만 교감하는 그런 답답함이 아니라, 순수한 애정이 담긴 그런 사랑을 말한다. 철학자 제러

미 벤담의 《공리주의》에서 말하는 최대 행복의 원칙을 말하는 것이 아닌, 그저 바라보고 아껴주는 그런 은근한 사랑이다.

그래서 연인 간의 사랑이나 가족 간의 사랑은 조금 다른 차원에서 보는 게 합당하다. DNA가 하나도 섞여 있지 않은, 철저한 남이 우리라는 이름으로 서로가 공감대를 형성하며 사랑을 나누어 가는 게 사실 쉬운 일이 아닌 것처럼 말이다. 그래서 필요한 것이 앞만 바라보는 사랑이다. 자칫 한눈을 파는 순간 그 사랑의 거리는 금세 벌어지게 되고, 다른 저항력이 그 틈바구니를 채우게 되어 결국 다시 붙일 수 없는 상황에 이르기 때문이다. 진정한 사랑이란 그렇게 상대방을 진심으로 바라보는 게 아닐까.

#13

아무도 모를 줄 알았다

~

그동안 나를 얼마만큼 사랑했는지를 백분율로 나타낸다면 내면의 사랑은 몇 퍼센트를 가리키게 될까. 나에게 자신 있게 말하기 힘든 부분이 있다면 그것은 바로 사랑이라는 영역이었다. 특히 '나 자신을 사랑해 봤느냐'라고 묻는다면 그에 대한 대답은 항상 망설여졌으니 말이다.

내가 사랑을 나눌 수 있는 그런 존재의 사람일까. 그런 가능성이 남아 있긴 할까. 가능성이란 영역에서 나는 항상 사랑이 나에게 맞지 않는 단어라고 받아들이며 살아왔다. 늘 자신감이 없었고, 스스로를 향한 부정적 시각은 혹시 내가 구제 불능인 사람이 아닌가 의심하게 만들었다.

사랑을 받아본 사람이 사랑을 할 줄 안다고 한다. 따뜻함을 받아 보지도, 해보지도 못한 사람은 사랑이 무엇인지 몰라서 그런 것인가. 사실 사랑이라는 건 자신이 할 수 있는 가장 큰 베풂이다. 상황을 겪어 보았을 때 그것을 행할 수 있다는 건 어쩌면 당연한 진리인데, 나는 그런 사랑의 존재를 모르고 살아온 것만 같다.

'나는 아프지 않은 척했다. 그렇게 하면 아무도 모를 줄 알고.'

혼자라고 생각해서 애써 드러내지 않는 감정도 결국 사랑하는 사람은 알게 된다. 숨기려고 해도 숨겨지지 않는 게 혼자만의 아픔이다. 그게 그런 거다. 아프지 않은 척 살아왔지만 그게 과연 잘 살아온 인생인지 구분할 수는 없다. 힘들다고 말할 수 있다면, 너무나 아프다고, 그래서 버림받고 싶지 않다고 말할 수 있으면 얼마나 좋을까.

나를 사랑하기가 말처럼 그리 쉽지 않다. 자기애가 충만해서 나라는 사람을 존중하고 아끼며, 그러한 영향을 다른 누군가에게 전파하는 영향력이 그리 쉽게 생기는 것인가. 사람들 앞에서 바른 듯 처세해야 하는 고단한 하루가 그렇게 열망하던 행복한 삶이었을까. 삶에 지쳐서 넘어져 있는데, 사랑은 무엇이기에 나에게 결핍을 낳게 했는지 모르겠다.

사실 나는 과거에 머물러 오랫동안 살아왔다. 부모님으로부터의 애정이 결여된 채로 성장했기에 따뜻함을 나누는 게 어색했고, 아이라면 당연히 받아야 할 보살핌과 사랑의 결핍에 대해 부모님을 탓하기에 바빴다. 친구들의 험담에 흔들렸고, 실패한 프로젝트에 대해선 부족한 회사의 지원을 탓하기도 했다. 무엇을 해도 누군가를 탓하거나 그때 왜 그랬을까 하는 자괴감을 등에 지고 사는 업보를 암세포처럼 키우며 살아온 것이다.

신이 있다면 이렇게 말하고 싶다.
"한 번만이라도 과거를 벗어나 내일을 살고 싶어요."
"그러니 제발 내 아픔과 상처를 보듬을 수 있는 힘을 주세요."

다시 생각해 보니, 나는 과거를 살 게 아니지 않은가. 사실 지금 이 순간, 모든 것은 과거가 된다. 그렇게 살기에는 앞으로의 과거가 너무 많다. 믿고 싶다. 모든 게 나아질 거라고, 그렇게 아픔을 조금이라도 벗어날 수 있다면 벅찬 인생이 될 것만 같다. 과거에 묻힌 사람은 낙오자, 미래만 보는 사람은 공상가라고 봐야 할까. 미래의 공상까지는 아니더라도 현실을 현실답게 살아보고 싶다.

앞서 말했지만, 내가 책을 쓰는 이유는 나의 이야기를 풀어 누군가와 공감을 나누고 싶어서다. 나는 이만큼의 아픔을 가지고 살았다고, 내 인생의 고통은 전적으로 내 안에 있고 어느 누구의 탓도 될 수 없다고 말하고 싶다. 과거를 원망하고, 사람을 찾아내 책임을 전가하고, 나를 옥죄는 그 모든 게 나로 비롯되지 않았다고 스스로 최면을 걸면서 말이다. 그러나 내가 찾기 쉬운 비난 방식을 찾은 것이지, 그 이상도 이하도 아닌 착각에 가까울 뿐 나를 살려내지 못했다.

나를 사랑하고 세상을 사랑함으로써 내가 치유되고, 내가 치유됨으로써 다른 누군가에게도 선한 영향력을 전파할 수 있으면 좋겠다. 나를 사랑하는 것이 나 자신을 개선하는 좋은 방법인 것처럼. 개선이라는 건 몸과 정신을 자유롭게 하는 단어임에는 틀림없다. 한 발자국도 나가지 못하는 내가 아니라, 조금이라도 움직일 수 있기를 바라는 마음이 담겨 있기 때문이다.

불안정한 내 환경은 나를 따뜻하게 받아줄 준비가 되어 있을까. 내가 과연 이전과 다른 모습으로 변모할 수 있을까. 고통이 희망으로 변화될 수 있는 나만의 삶은 존재하는 것일까. 환희에 찬 얼굴에는 윤기가 흐르고, 말 한 마디에는 사랑과 존경이 담겨 다른 사람에게 나의 영향력을 나눌 수 있다면 얼마나 좋을까.

모든 걸 알고 보니, 나는 세상에 대한 믿음이 부족했던 것이다. 세상을 부정하고 있었고, 고통을 벗어나지 못했다. 나는 더 이상 나의 사랑에 상처를 주고 싶지 않지만, 오늘도 그렇게 살아내고 있다. 아프지 않은 척하면서 말이다. 사랑하는 방법에는 무엇이 있을까. 고민에 고민을 거듭하여, 나를 인정하고 받아들이는 것을 알아내었다.

나를 사랑하는 게 나를 살리는 최선의 방법이다.

■ 에필로그

나로호 로켓이 내뿜는 연기와 화염을 보면서 많은 사람이 희망과 꿈을 함께 실어 올렸다. 그 무게를 알아채기라도 했는지, 완벽한 궤도에 위성을 올려놓지는 못했다. 눈에 보이는 결과로만 봤을 땐 실패라고 할 수 있지만, 누구에게도 실패처럼 보이지 않았다.

무엇이 성공이고 실패인지 단정 지을 수 있을까. 사실 성공의 기준은 저마다 다르기도 하다. 다만, 과학이나 수학 공식에 대입하는 물리적 성공의 기준은 분명히 존재하지만 말이다. 그렇지만 성공과 실패의 의미를 누군가의 기준으로 평가하는 것은 그다지 옳은 일이 아닌 것 같다.

사랑하는 사람에게 고백을 했지만 받아들여지지 않았을 때, 빚을 내어 작은 서점을 차렸지만 몇 달을 어렵게 버티다 결국 문을 닫게 되었을 때, 최선을 다했지만 상처받은 마음을 두고 공식적으로는 실패했다고 할 수 있다. 다만, 그 경험은 실패의 결과 값이 아닌 그저 지나가는 과정이라는 것이다.

나는 그렇게 믿고 싶다. 인생의 실패, 인간관계에서의 실패, 그리고 사랑의 실패는 사실 존재하지 않는다고. 단지 다시 일어설 수 없다면 그것이 바로 실패라고. 애매한 실패보다 다시 도전했을 때 그 결과는 명확해지기도 한다. 삶 자체가 그렇다. 어리둥절한 것보다 보다 분명한 인생의 맛을 즐기고 싶다.

지금 바꾸지 못하면 시작하지 않은 것에 대한 후회로 평생을 살아야 할지도 모른다. 죽기 직전 사람이 가장 많이 하는 말이 "그때 그거 해봤어야 하는데"라는 후회의 한 마디라면 말이다. 아픔을 그대로 두고서 사람과의 관계를 포기했다면 꼭 다시 시작하면 좋겠다.